변호사의 대화법

커뮤니케이션이해총서

급변하는 커뮤니케이션 환경에서 새로운 지식에 대한 욕구가 높아지고 있습니다. 이러한 흐름에 발맞추어 하나의 커뮤니케이션 주제를 10개 항목으로 묶어서 달걀 꾸러미처럼 엮었습니다. 사회의 변화를 빠르게 알기 원하는 대중과 시대에 앞선 지식을 단시간에 알고자 하는 연구자, 실무자, 학생에게 도움이 되는 책입니다.

일러두기

- 인명, 작품명, 저서명, 개념어 등은 한글과 함께 괄호 안에 해당 국가의 원어를 병기했습니다.
- 외래어 표기는 현행 어문규정의 외래어표기법을 따랐습니다.

변호사의 대화법

박재현 · 백경희 · 김윤정 · 변경가

대한민국, 서울, 커뮤니케이션북스, 2025

변호사의 대화법

지은이 박재현 · 백경희 · 김윤정 · 변경가
펴낸이 박영률

초판 1쇄 펴낸날 2025년 6월 16일

커뮤니케이션북스(주)
출판 등록 2007년 8월 17일 제313-2007-000166호
02880 서울시 성북구 성북로 5-11
전화(02) 7474 001, 팩스(02) 736 5047
commbooks@commbooks.com
www.commbooks.com

CommunicationBooks Inc.
5-11, Seongbuk-ro
Seongbuk-gu, Seoul, 02880, KOREA
phone 82 2 7474 001, fax 82 2 736 5047

ISBN 979-11-430-0550-2 04300

책값은 뒤표지에 표시되어 있습니다.

차례

변호사의 대화법은 왜 필요할까

변호사라는 직업과 자격

변호사라는 직업은 다른 직군보다 대화를 많이 하는 특성이 있다. 국립국어원의 표준국어대사전에 의하면 '변호(辯護)'란 '남의 이익을 위하여 변명하고 감싸서 도와줌'이라는 뜻이 있고, 이를 직업으로 하는 '변호사(辯護士)'는 '법률에 규정된 자격을 가지고 소송 당사자나 관계인의 의뢰 또는 법원의 명령에 따라 피고나 원고를 변론하며 그 밖의 법률에 관한 업무에 종사하는 사람'을 의미한다.

그렇기 때문에 변호사는 소송 혹은 소송 대체적인 분쟁해결(alternative dispute resolution: ADR) 제도인 조정이나 중재 등을 의뢰하는 고객(이하 '의뢰인'이라 한다)을 위해 그의 대리인이 되어, 법적 절차 내에서 사건에 맞추어 민사, 형사, 행정 등 다양한 영역에서 법원, 검찰이나 경찰 등 수사 기관, 행정청, 각종 위원회 등에 대하여 서면으로 법 문서를 작성하고 구술(口述)로 변론 내지 변호를 수행하게 된다. 「변호사법」 제3조에서도 '변호사는 당사자와 그 밖의 관계인의 위임이나 국가 · 지방 자치 단체와 그 밖의 공공 기관의 위촉 등에 의하여 소송에 관한 행위 및 행정 처분의 청구에 관한 대리 행위와 일반 법률 사무를 하는 것을 그 직무로 한다'라고 변호사의 직무를 규율하고 있기도 하다.

이를 위해 변호사는 「변호사법」에서 요구하는 자격을 갖추어야 하며(「변호사법」 제4조: 사법 시험에 합격하여 사법 연수원의 과정을 마친 자, 판사나 검사의 자격이 있는 자, 변호사 시험에 합격한 자), 현행 제도하에서는 법학 전문 대학원의 석사 학위를 갖추어 변호사 시험에 합격하는 등 소정의 조건이 요청된다(「변호사시험법」 제5조 응시 자격, 제9조 시험 과목, 제10조 시험의 합격 결정).

변호사의 구술 능력과 대화법

법정 드라마나 영화를 보면 변호사는 법정이라는 공간에서 의뢰인을 위해 사건에 관한 요약과 법령과 법리에 기초한 논리적인 주장을 명쾌하게 하는 것으로 묘사되고는 한다. 하지만 우리나라의 현실에서는 주로 서면을 중심으로 송무가 진행되어 왔기 때문에, 법학 전문 대학원의 교육이나 변호사 시험의 과목, 더 나아가 도제식으로 이루어지는 실무에서의 변호사 교육 모두 서면을 중심으로 시행되고 평가되어 왔다.

실제 변호사 시험은 '변호사에게 필요한 직업 윤리와 법률 지식 등 법률 사무를 수행할 수 있는 능력을 검정'하는 것을 목적으로 하고 있으나(「변호사시험법」 제1조), 변호사 시험 과목에서는 변호사가 업무를 수행하기 위해 필요한 구술 능력 내지 대화법을 평가하는 항목은 존재하지 않는다(백경희 · 장연화, 2019: 273-274). 그에 따라 법학 전문 대학원에서도 이에 대한 교육을 진행하는 경우도 드물다. 이는 우리나라뿐만 아니라 로스쿨 제도의 중심이라고 할 수 있는 미국에서도 마찬가지였다(백경희 · 김자영, 2016: 249-250). 2007년 2월에 발표된 카네기 교육발전재단의 보고서에 의하면 일반 로스쿨 커리큘럼은 중요한 법률 실무 기술 중 도서관 법률 연구, 실체법 지식, 법률 분석 및 법률 추론, 전문 윤리 문제에 대한 민감성, 컴퓨터 법률 연구, 절차법 지식, 서면 의사소통, 법률 문제 진단 및 계획 수립 능력 등 여러 기술에 대한 훈련의 중요한 원천이 되고 있으나, 상대적으로 소송의 이해와 수행, 구두 의사소통, 협상, 상담, 법률 업무의 조직과 관리, 타인의 신뢰 구축, 고객 확보 및 유지 능력과 같은 영역에 대한 훈련은 미흡한 것으로 나타나기도 했다(Sonsteng et al., 2007: 6-12).

우리나라의 경우 최근 구술 심리주의와 공판 중심주의

가 강화되는 경향으로 변화되면서 이전과 달리 서면 대신 말로써 주장과 증명을 해야 하는 일이 많아졌고, 변호사 업무에서도 변호사의 변론 능력을 향상할 수 있는 스피치 강의, 보이스 트레이닝, 발음, 자세, 시선, 제스처에 대한 교정이 필요하다는 목소리가 높아지고 있다. 실제 대형 로펌에서는 외부 전문가들을 초빙해 소속 변호사를 대상으로 위와 같은 교육 프로그램을 운영하고 있기도 하다(법률신문, 2019). 물론 소송 절차에서 의뢰인이 얻고자 하는 최종 목적은 승소이기 때문에 법정에서 수행해야 하는 '구술 변론 능력'이 중요한 것은 당연하다. 그렇지만 소송은 변호사가 의뢰인과 사건에 관한 상담 후 위임 계약을 통해 의뢰인의 사건을 수행하여 의뢰인이 원하는 결과를 도출해 내는 과정이기 때문에, 변호사는 의뢰인과 원활한 소통과 상호 협조를 법정에서의 구술 변론 능력을 갖추는 것보다 우선시해야 하는 측면이 있다. 변호사와 의뢰인 간의 커뮤니케이션은 변호사-의뢰인 관계의 핵심이며, 이를 통해 의뢰인은 법률 시스템을 경험하게 된다. 의뢰인의 입장에서는 의뢰인과 변호사 간의 커뮤니케이션이 법률 시스템에 대해 갖는 거의 유일한 접점인 것이다.

변호사와 의뢰인의 관계는 대리 관계를 형성하므로, 변호사는 의뢰인을 대신하여 행동하게 된다. 이를 위해 변호사는 의뢰인의 목표를 정확히 이해해야 하므로, 만약 변호사와 의뢰인 간 효과적인 커뮤니케이션이 이루어지지 않을 경우, 의뢰인은 자신이 원하는 결과를 얻기 어렵게 된다. 변호사가 의뢰인의 요구를 제대로 이해하고 대변하기 위해서는 명확한 커뮤니케이션이 필수적인 것이다 (Wald, 2007: 747-750).

그럼에도 불구하고 변호사는 자신이 법률 전문가이고 의뢰인은 법령이나 법리에 대해서는 문외한이라는 생각으로 접근해 고압적인 태도로 일관하거나 의뢰인의 질의사항을 무시하는 상황이 발생하는 경우가 적지 않다. 이는 구술 변론 능력의 맥락을 넘어선 구두 커뮤니케이션 내지 대화법을 다루지 않는 법학 교육에 내재된 문제로 지적되고 있기도 하다(Perritt Jr., 2001: 33, 137).

결국 변호사라는 신분적 지위와 직무 수행의 방법, 의뢰인에 대한 의무의 목적과 성격을 종합해 보면, 변호사는 법률 전문가로서 지니고 있는 법률적 지식과 함께 의뢰인에 대한 성실한 대화 방법도 갖출 필요가 있는 것이다. 바로 여기서 법정에서의 구술 변론 능력과 구별되는 '변호사의 의뢰인에 대한 대화법'을 논의해야 할 이유가 있다.

사회적 의사로서의 변호사

변호사는 기본적 인권을 옹호하고 사회 정의를 실현함을 사명으로 하고, 그 사명에 따라 성실히 직무를 수행하고 사회 질서 유지와 법률 제도 개선에 노력하여야 하기 때문이다(「변호사법」 제1조). 이렇듯 변호사는 공공성을 지닌 법률 전문직으로서 의뢰인의 사건을 수행함에 있어서도 의뢰인의 인권을 보호하면서 성실히 직무를 수행하여 의뢰인이 원하는 결과를 도출할 수 있도록 노력해야 한다. 그 과정에서 의뢰인은 변호사를 통해 본인의 사건을 법적으로 해결하게 되므로, 변호사는 흔히 '사회적 의사'로 비유되기도 한다.

의사는 특정 질병을 가진 환자에 대해 의학적 전문 지식을 바탕으로 한 경험과 기술을 통해 질병을 치료한다. 즉, 진찰과 검사를 통해 질병을 확정하고 처방을 하거나 주사제나 경구약을 투약 또는 외과적 수술 등을 시행하는 것이다. 이 과정에서 의사는 각 의료 행위마다 환자의 질병 특성, 환자의 상태, 투약 약제나 수술의 위험성, 향후 합병증이나 요양 계획에 대해 환자의 눈높이 맞춰 충분히 설명해야 한다. 환자는 의사를 통해서 자신의 질병에 대한 상황을 인식하게 되므로 의사와 환자 사이의 소통은 매우 중요하다. 그렇기 때문에 의학 교육 현장에서는 환자의 신체적 · 정신적 특성을 일관되게 반영한 '표준화 환자(standardized patient)'를 설정한 뒤, 표준화 환자를 연기하는 배우와의 상호 작용을 통해 어떻게 의료 행위를 수행하는 것이 바람직한지를 교육해 오고 있다. 이때 모의 환자(simulated patient)는 실제 환자의 증상이나 징후를 표현하는 것(simulation)에 초점을 맞춘 것이고 표준화 환자는 시뮬레이션 과정 자체가 일관성(consistency)이 있다는 것을 강조한다(박훈기, 2012: 35-44).

변호사가 사건을 법적으로 해결해 주는 사회적 의사로서 의뢰인에게 인식된다면, 변호사 또한 의뢰인과의 관계에서 어떠한 대화 방법을 취하여야 하는지에 대해 교육할 필요가 있다.

법학 전문 대학원 교육 과정의 변화

법학자와 사회과학자들은 비록 모든 의뢰인은 아니더라도 대다수의 의뢰인이 변호사-의뢰인 간 커뮤니케이션의 질에 깊이 불만족하고 있으며, 이 문제는 법조계에 대한 대중의 인식에 영향을 미칠 뿐만 아니라 정의의 기본 원칙을 훼손한다는 결론에 도달했다. 이 때문에 미국과 오스트레일리아에서는 앞서의 모의 환자와 표준화 환자를 통한 시뮬레이션 교육을 법학 교육에도 활용하기 시작했다.

대표적으로 1998년 미국과 오스트레일리아의 4개 로스쿨(미국 뉴욕대학교 로스쿨, 미국 케이스웨스턴리저브대학교 로스쿨, 미국 브리검영대학교 로스쿨, 오스트레일리아 모내시대학교 로스쿨)이 공동으로 진행한 효과적인 변호사-클라이언트 커뮤니케이션(Effective Lawyer-Client Communication: ELCC) 프로젝트가 진행되기도 했다. 아시아권에서는 홍콩대학교 법학전문대학원에서 법학석사 수료 후 과정(postgraduate certificate in laws: PCLL)을 통해 2012년부터 인터뷰 기술과 커뮤니케이션 역량에 대한 교육 및 평가의 일환으로 '모의 의뢰인 프로그램(Simulated Clients training programme)'을 운영하기도 했다.

미국변호사협회의 윤리 강령 및 인증 표준의 변화

미국의 법학 교육의 위기를 극복하기 위해 일부 로스쿨로부터 시작된 변호사 대화법과 관련된 교육은 미국변호사협회(American Bar Association: ABA)의 윤리 강령과 로스쿨 인증 표준 제도에도 변화를 가져왔다.

먼저 미국변호사협회의 윤리 강령의 경우, 종래에는 변호사와 의뢰인 간 커뮤니케이션에 관한 구체적인 규정이 없었으나, 2003년에 개정된 윤리 강령 규칙 1.4에서는 의뢰인과의 커뮤니케이션에 관한 의무를 구체화했다. 새롭게 제안된 윤리 규정은 변호사가 의뢰인에게 사건과 관련된 모든 중요한 정보를 명확히 제공해야 한다는 의무를 강조한다. 여기에는 전통적으로 제공되었던 사건의 구체적인 정보뿐만 아니라, 의뢰인이 이해하고 결정을 내리는 데 필요한 메타 정보와 준비 단계 정보도 포함된다. 이러한 변화는 의뢰인의 권리를 강화하고, 변호사가 단순히 전문가로서의 역할을 넘어, 의뢰인의 결정을 돕는 조력자로서 행동할 수 있도록 하는 데 초점을 맞춘다. 이를 통해 의뢰인의 의사 결정 권한을 보호하면서도 변호사의 책임을 명확히 함으로써, 관계의 투명성을 높이는 데 기여할 것으로 기대된다. 이로써 변호사와 의뢰인의 관계는 단순히 법적 대리와 의무를 넘어, 신뢰와 협력을 기반으로 한 관계로 발전할 가능성을 가질 것으로 보인다.

다음으로, 2014년 8월 미국 변호사협회는 학습 결과 및 평가 방법에 관하여 새로운 인증 표준을 채택했다. 핵심은 로스쿨에서 변호사처럼 생각하는 방법을 가르치는 것에서 벗어나 실제로 변호사가 되는 방법을 배우고 있는지 평가하는 방식으로 전환하는 데 있었다. 이는 종래 로스쿨에서 학생들이 법률 실무에 대비할 수 있는 준비가 부족하다는 평가와, 특히 변호사의 커뮤니케이션 기술이 미흡하다는 비판을 수용한 결과였다. 이를 적극적으로 반영한 사례로는 노스다코타대학교 법학 전문 대학원의 '전문적 문서 작성과 커뮤니케이션' 교과목이 있다. 이 과목은 변호사들이 법률 서비스를 마케팅하거나 광범위한 대중과 소통할 때 사용하는 커뮤니케이션 기술을 학생들에게 교육하는 것을 목표로 한다. 특히 판사나 상대 변호사와 소통하는 데 필요한 기술이 아니라 현재 및 잠재 고객 등 일반 대중과 소통하는 기술을 익혀 법률 실무에 바로 투입할 수 있는 법률 전문가를 양성하는 데 중점을 두었다고 한다 (Heinrich, 2015: 91-99).

치료적 법학의 관점

교통사고 피해자와 같이 인신사고로 인한 손해 배상 사건을 소송을 통해 법적으로 해결하는 과정에서, 변호사와 의뢰인 간의 의사소통에서 발생하는 부정적 경험이 의뢰인의 사회 복귀를 더디게 한다는 연구 결과가 보고되었다. 해당 연구는 치료적 법학(therapeutic jurisprudence)의 관점에서 변호사의 대화법의 중요성을 강조하고 있다. 실제로 교통사고 피해자 21명을 대상으로 한 인터뷰에서는 의뢰인의 신체적 · 심리적 회복이 지연되는 원인의 하나로 법률 전문가인 변호사의 태도에서 비롯된 스트레스를 지적하고 있다.

치료적 법학이란, 법률 개입이 의뢰인에게 미치는 심리적 영향을 인식하고 이를 완화하기 위한 접근법을 의미한다(Winick, 2005). 치료적 법학은 변호사에게 심리학의 기본 원칙은 물론, 경청, 상담 기술 등을 교육하고, 의뢰인을 의사 결정에 참여시키는 것을 권장한다(Binder et al., 1990; Kruse, 2006). 해당 연구에서는 의뢰인의 회복을 위하여는 변호사의 의사소통, 공감, 결단력, 독립성, 전문성이라는 다섯 가지 바람직한 특성이 요청되며, 손해 배상 사건 초기에는 변호사의 공감이 중요하지만 시간이 지남에 따라 업무 중심적인 의사소통을 의뢰인이 선호한다는 결론을 도출했다.

'공감'은 참여자들이 존중받고, 자신이 존엄한 존재로 대우받았다고 느꼈는지 여부와 관련이 있었다. 참여자들은 변호사가 자신의 감정을 인정하고, 진심 어린 관심을 보이며, 불편함을 덜어 주는 태도를 중요하게 여겼다. 반면, 변호사가 자신에게 냉담하거나 경멸적인 태도를 보인 경우 불만을 느꼈다고 한다.

'의사소통'은 손해 배상 절차에서 참여자들이 자신이 관여되는 정도를 중요시한다는 것이다. 일부는 변호사가 자신의 이야기를 듣고 의견을 반영하며, 필요 시 행동하거나 그 이유를 설명하고 절차에 대한 적절한 정보를 제공하는 것에 만족했다고 한다. 반면 절차가 단계적으로 명확히 설명되지 않을 때 불만을 느꼈다고 응답했다(Elbers et al. 2012: 89-94).

이러한 점을 종합해 보면, 변호사의 대화법은 의뢰인이 소송 절차를 진행하면서 시간적 · 경제적 · 정신적으로 받게 되는 고통을 덜어 주고 나아가 정상적으로 사회에 복귀하는 데도 도움을 준다는 것을 알 수 있다.

변호사와 의뢰인 간 관계의 재정립

법률 전문가인 변호사에게 사건을 상담하고 변호사를 대리인으로 선임함으로써 의뢰인의 모든 법적 고민이 해결되지는 않는다. 변호사 역시 사건을 수임한 뒤 의뢰인의 법적 문제를 해결하기 위해 법리를 고민하는 것만으로는 부족하다. 결국 사건의 종료에 이를 때까지 변호사와 의뢰인 간 의사소통이 필요하며, 사건의 사실 관계에 관하여 가장 잘 알고 있는 자는 직접적인 이해관계자인 의뢰인 본인이므로, 이 관계에서 의뢰인이 주도적으로 참여하고 권한을 행사할 수 있어야만 한다.

법령과 법리에 대한 전문성 면에서 변호사의 지식은 의

뢰인보다 월등히 우월하기 때문에 양자 간에는 정보의 비대칭성이 발생할 수밖에 없다. 그렇기 때문에 변호사는 최대한 의뢰인이 처한 상황, 교육 수준 등을 고려해 어려운 법률 용어나 절차를 최대한 이해하기 쉽게 설명하고 양방향 커뮤니케이션이 이루어지도록 노력하는 대화법을 채택해야 한다. 이를 통해 궁극적으로 변호사와 의뢰인 간의 투명성과 신뢰를 강화하고, 나아가 윤리적인 법률 서비스를 제공하는 데 기여할 수 있다.

변호사의 대화법 주제 선정

의뢰인과 신뢰 관계를 형성하고, 의뢰인의 요구를 이해하며 법률 사항을 이해하기 쉽게 전달하는 변호사의 의사소통 역량을 신장하기 위해서는 이에 적합한 교육 내용 체계가 필요하다. 이에 따라 변호사에게 요구되는 의사소통 역량의 범위를 바탕으로 교육 내용의 범주를 다음과 같이 설정했다. 의뢰인이 처음 방문했을 때 인사하고 초기 관계를 형성하는 과정부터, 사안과 관련된 내용에 대해 질의응답을 하고 경청하는 과정, 경청한 내용을 요약해 정보 공유를 확인하고 의뢰인에게 필요한 내용을 설명하고 조언하는 과정, 의뢰인에게 필요한 사항을 효과적으로 요청하고 의뢰인의 반응에 유연하게 대처하는 과정, 대화 전개 방식과 태도 등 대화 전반의 과정을 다루었다.

이와 더불어 효과적인 교육 내용을 구성하기 위해서는 누가 누구에게 무엇을 어떻게 하는지가 명확하게 제시되어야 한다. 여기서 '누가'에 해당하는 행위 주체는 당연히 변호사이며, '누구에게'에 해당하는 대상은 의뢰인이다. '어찌하다'는 변호사의 구두 의사소통의 구체적인 행위를 가리키며, '어떻게'는 이 행위의 수행 양상을 가리킨다. 학습자에게 필요한 구체적인 행위를 명시적으로 제시한 것을 교육 영역에서는 행동 지표라고 한다. 이 책에서는 의뢰인과의 의사소통에 중점을 두고, 내용의 체계와 세부 행동 지표를 다음과 같이 설정했다.

1. 인사와 관계 형성
 1) 의뢰인에게 자기소개와 인사를 적절하게 한다.
 2) 의뢰인에게 계약 관련 사항을 효과적으로 안내한다.
 3) 의뢰인과 공적 친밀감을 형성하는 가벼운 대화한다.
2. 경청과 질문
 4) 의뢰인의 말을 경청하며 공감적으로 반응한다.

5) 의뢰인에게 사실 관계를 확인하기 위해 효과적으로 질문한다.

3. 요약과 설명

6) 의뢰인의 상황을 정확하게 요약하여 전달한다.

7) 의뢰인에게 필요한 내용을 명확하게 조언한다.

4. 요청과 설득

8) 의뢰인에게 필요 사항을 효과적으로 요청한다.

9) 의뢰인의 저항과 공격에 유연하게 대처한다.

5. 대화 전개와 대화 태도

10) 의뢰인을 배려하는 태도로 대화를 효과적으로 전개한다.

인사와 관계 형성

상담 초기 의뢰인과 인사를 하고 초기 관계를 형성하는 과정에서는 다음과 같은 대화 방법이 필요하다.

첫째, 변호사는 의뢰인에게 자기소개와 인사를 적절하게 해야 한다. 의뢰인과의 첫 대화는 주로 계약 이전에 이루어진다. 의뢰인은 자신의 사건을 맡기기 적합한 변호사를 알아보기 위해 간단한 초기 상담을 받고자 하므로, 친절하게 응대하면서 의뢰인이 궁금해 하는 정보를 설명하며 대화를 나누어야 한다. 초기 라포르(rapport: 사람과 사람 사이에 형성되는 상호 신뢰 관계)를 형성하는 이 과정에서는 적절한 스몰토크의 방법을 이해하고 사용할 수 있어야 한다.

둘째, 의뢰인에게 계약 관련 사항을 효과적으로 안내할 수 있어야 한다. 초기 상담의 과정에서 변호사는 의뢰인에게 법적 절차에 따라 의뢰인을 대리하여 수행하는 내용과 권한에 대하여 설명해야 한다. 이 과정에서 비용의 산출과 사용에 대하여 항목을 나누어 투명하게 전달해야 한다. 이와 더불어 앞으로의 진행 절차와 서면 작성에 필요한 서류를 안내한다.

셋째, 의뢰인과 공적 친밀감을 형성하는 가벼운 대화를 할 수 있어야 한다. 변호사와 의뢰인의 관계는 일반적인 사회적 관계보다 더 깊은 수준의 신뢰를 요구하며, 이는 개인의 법적 · 재정적 정보는 물론, 내밀한 심리 상태까지 공유하게 되는 특성을 지닌다. 일차적으로 초기 대화에서 자신의 인생에서 중대한 문제를 믿고 맡길 수 있다는 신뢰감을 주는 것이 중요하며, 차츰 정서적 친밀감을 형성해야 한다. 이때 사적인 친밀감이 아니라 변호사와 의뢰인의 정체성을 유지하는 상태에서 공적인 친밀감을 형성해야 함을 잊지 말아야 한다.

경청과 질문

계약 후 본격적인 상담 단계에서 정보를 효과적으로 공유하려면, 경청과 질문을 중심으로 한 다음과 같은 대화 기법이 요구된다.

첫째, 의뢰인의 말을 경청하며 공감적으로 반응할 수 있어야 한다. 변호사는 전문가라는 정체성으로 인해 업무 처리에 필요한 정보만 얻기 위해 의뢰인의 말을 충분히 듣지 않는 경우가 있다. 의뢰인에게 집중하고 계속 말하도록 격려하는 것은 효과적인 대화의 기본이다. 여기에 더해, 의뢰인의 처지와 관점을 이해하고 의뢰인이 표출하는 감정에 공감적으로 반응하면서 대화를 이어 간다면, 관련된 업무 처리가 원활해질 뿐 아니라 의뢰인의 만족도도 높아질 것이다. 막연한 위로나 훈계조의 충고보다는 일단 상대의 말에 진심어린 공감을 표현해야 한다.

둘째, 의뢰인에게 사실 관계를 확인하는 질문을 효과적으로 할 수 있어야 한다. 일단 의뢰인의 목표와 요구를 정확하게 파악하기 위해 질문해야 한다. 최종적으로 도달하고자 하는 상태를 변호사와 의뢰인이 정확하게 공유해야 의사소통 과정에서의 혼선을 줄일 수 있다. 의뢰인에게 질문할 때는 개방형 질문과 폐쇄형 질문을 상황에 따라 적절하게 사용한다. 의뢰인으로부터 최대한 많은 정보를 이

끌어 내기 위해서는 자유로운 분위기에서 열린 질문을 하는 것이 효과적이다. 시간이 촉박하거나 원하는 정보를 구체적으로 확인하기 어려울 경우에는 법률관계를 바탕으로 필요한 정보를 단답형이나 선택형 등의 질문 방식을 사용하여 단계적으로 확정해 가는 방식으로 질문한다.

요약과 설명

의뢰인과 정보를 공유하고 필요한 내용을 조언하는 과정에서는 다음과 같은 대화 방법이 필요하다.

첫째, 의뢰인의 상황을 정확하게 요약하여 전달해야 한다. 의뢰인의 말을 경청한 후 바로 전문적인 조언을 하기보다는 의뢰인이 말한 바를 법률적 관점에서 재구성한 후 요약해서 말하는 단계가 필요하다. 비록 종종 생략되지만, 이는 정보를 분명하게 공유한다는 점에서 매우 중요하다. 이 과정에서 의뢰인은 변호사가 자신의 말을 충분히 이해했다는 확신을 갖게 된다. 혹시 상호 이해한 바의 차이가 확인된다면 대화를 통해 조정해야 한다. 의뢰인의 말을 요약할 때는 우선 의뢰인의 상황을 핵심 내용을 중심으로 정확하고 간결하게 구성한 후, 법률적 판단과 향후 조치를 포함하여 요약하여 말한다.

둘째, 의뢰인에게 필요한 내용을 명확하게 조언해야 한

다. 법률적 관점에서 조언할 때는 의뢰인이 쉽게 이해할 수 있도록 간명하게 조언한다. 이때 강요나 명령, 충고나 훈계의 방식이 아니라 의뢰인이 처한 상황에 따라 적절한 수준에서 조언의 강도를 조절한다. 특히 조언할 때는 의뢰인에 대한 충실 의무와 법조 윤리 사이의 균형을 유의해야 한다.

요청과 설득

의뢰인에게 요청하거나 의뢰인의 반응에 대응하는 과정에서는 다음과 같은 대화 방법이 필요하다.

첫째, 의뢰인에게 필요 사항을 효과적으로 요청할 수 있어야 한다. 업무 처리에 필요한 바를 요청했음에도 처리가 미흡하거나 일정이 지연될 경우, 업무 진행이 원활하지 않을 뿐만 아니라 상호 간에 갈등이 발생할 소지가 있다. 이때는 비폭력 대화 방법을 사용하여, 도덕적 판단이 아니라 객관적으로 관찰한 바를 말하고, 느낌과 욕구를 결합해서 말하는 방식을 적용하는 것이 효과적이다. 이와 더불어 바라는 바를 구체적이고 효과적으로 요청하는 대화 방식도 적용할 필요가 있다.

둘째, 의뢰인의 저항과 공격에 유연하게 대처할 수 있어야 한다. 목표한 대로 결과가 나오지 않았을 경우, 의뢰인이 변호사를 대상으로 모욕과 조롱을 할 수도 있고, 업무 처리 과정에서 변호사와 의견이 대립하여 변호사의 의견에 저항하는 경우도 있다. 이렇듯 의뢰인의 언행이 공격적인 양상을 보일 때 변호사는 평정심을 유지하며 유연하게 대처하는 대화 방식을 적용해야 한다. 이때는 자기 방어 화법을 중심으로 언어적 공격에 대한 대처 방법을 익힐 필요가 있다.

대화 전개와 대화 태도

대화의 전 과정에서 의뢰인을 배려하는 태도로 대화를 효과적으로 전개해야 한다. 대화를 효과적으로 시작하고 마무리하는 것뿐만 아니라, 적절하게 순서를 교대하는 것도 중요하다. 전문 지식을 앞세워 의뢰인의 말을 계속 끊거나 대화의 주도권을 독점하지 않는지 대화 전개를 성찰하며 조정해야 한다.

참고문헌

국립국어원 표준국어대사전. https://stdict.korean.go.kr/

박훈기(2012). 표준화 환자를 활용한 의학교육. *Hanyang Medical Reviews, 32*(1), 35-44쪽.

백경희 · 김자영(2016). 법학 전문 대학원의 실무필수과목의 편제와 평가기준에 관한 소고-'법 문서 작성' 과목을 중심으로.

≪저스티스≫, 154호, 240-266쪽.

백경희 · 장연화(2019). 우리나라 변호사시험 제도의 정상화에 관한 소고. ≪동아법학≫, 84호, 265-295쪽.

법률신문(2019.10.28). "구술변론 능력 키워라"… 로펌마다 스피치 교육 강화, https://www.lawtimes.co.kr/news/156703

Barton, K., Cunningham, C. D., Jones, G. T., & Maharg, P.(2006). *Valuing what clients think: standardized clients and the assessment of communicative competence*. Clinical L. Rev., 13, 1.

Binder, D., Bergman, P. & Price, S.(1990). Lawyers as counselors: A client centered approach. *New York Law School Law Review*, 35, pp.29-86.

Chow, W. & Ng, M.(2018). Legal education without the law-lay clients as teachers and assessors in communication skills. In *Legal Education at the Crossroads*(pp.101-124). Routledge.

Elbers, N. A., van Wees, K. A., Akkermans, A. J., Cuijpers, P., & Bruinvels, D. J.(2012). Exploring lawyer-client interaction: a qualitative study of positive lawyer characteristics. *Psychological Injury and law*, 5, pp.89-94.

Heinrich, D. R. M.(2015). Teaching and assessing professional communication skills in law school. *NDL Rev.*, pp.91-99.

Kruse, K. R.(2006). Fortress in the sand: The plural values of client centered representation. *Clinical Law Review*, 12, pp.501-572.

Perritt Jr, H. H.(2001). Taking Legal Communications Seriously. *U. Tol. L. Rev.*, 33, p.137.

Sonsteng, J. O., Ward, D., Bruce, C., & Petersen, M.(2007). A legal Education renaissance: A practical approach for the twenty-first century. *Wm. Mitchell L.*, pp.6-12.

Wald, E.(2007). Taking attorney–client communications (and therefore clients) seriously. *USFL Rev.*, 42, pp.747–750.

Winick, B. J.(2005). Using therapeutic jurisprudence in teaching lawyering skills: Meeting the challenge of the new ABA standards. *St. Thomas Law Review*, 17, pp.429–481.

01

의뢰인에게 호감과 신뢰를 줄 수 있는 자기소개하기

자기를 소개하는 말하기는 관계 형성의 첫 단계에서 이루어진다. 의뢰인과의 첫 만남에서 변호사는 호감과 신뢰를 줄 수 있는 말로 유창하면서도 매끄럽게 자기를 소개할 필요가 있다. 호감과 신뢰감을 주는 자기소개와 첫인사는 향후 의뢰인과의 관계와 업무 진행에 중요한 역할을 할 수 있다. 호감과 신뢰를 주는 자기소개 방법에는 무엇이 있을까?

상황 맥락과 의뢰인의 심리 상태 파악하기

의뢰인과 변호사는 상담을 통해 처음 대면하는 경우가 많은데, 이때 변호인은 상황 맥락을 고려해 적절하게 대응해야 한다. 상황 맥락은 사건이나 대화가 일어나는 배경이나 환경을 말한다. 의뢰인이 처음으로 변호사를 방문할 때, 사건과 관계된 내용을 사전에 변호사에게 전달하는 경우도 있지만, 당일에 사건에 대해 직접 이야기하는 등 다양한 상황이 발생할 수 있다. 전자의 경우 변호사는 미리 사건의 개요를 인지하고 개괄적인 법적 검토를 수행할 수 있으나, 후자의 경우 사건의 사실 관계를 파악하면서 법리를 구성해야 하므로 전자보다는 상담에 소요되는 시간이 길어질 수밖에 없다.

의뢰인과의 첫 만남에서는 의뢰인의 성향이나 태도를 면밀하게 관찰하고 분석해 심리 상태를 명확하게 파악하는 것이 중요하다. 이는 향후 의뢰인과의 면담을 이어 가는 데 올바른 방향성을 설정하는 기초가 된다.

의뢰인의 성향은 언어적 표현과 비언어적 표현을 통해 분석할 수 있다. 언어적 표현을 통해 성향을 파악하는 방법은 의뢰인이 선택하는 단어(전문성, 감정 단어), 언어 표현(긴 문장이나 복잡한 표현 선호하는지 간결한 표현을 선호하는지), 질문의 유형(지식수준과 관심 분야 등) 등을 관찰하는 것이다.

의뢰인의 태도는 대화 중 드러나는 비언어적 표현을 통해 분석할 수 있는데, 표정과 몸짓을 통해 의뢰인의 현재 상태나 태도(긍정적, 방어적, 부정적)를 알 수 있다. 또한 목소리의 톤과 속도를 통해 현재 감정 상태(불안, 흥분, 기대 등)를 추론할 수도 있다. 의뢰인의 피드백을 통해서도 태도를 분석할 수 있는데, 대화할 때 고개를 끄덕이거나 맞장구치는 반응 패턴을 통해 의사소통의 방식을 파악할 수도 있다.

소개 화법 구조를 사용해 신뢰감 주는 자기소개하기

소개 화법은 사람을 처음 만났을 때 청자에게 자기 또는 타인에 대한 정보를 일러 주고, 초기 인간관계를 형성하는 데 사용하는 방식이다. 소개 화법은 관계 형성에서 첫 단계에 이루어지며, 상황과 목적에 따라 다양하게 변화한다(이창덕 외, 2007).

소개 화법의 구조는 '신분 밝히기, 개인에 관한 정보 제공하기, 관계 발전 소망 제시하기'로 이루어진다.

신분 밝히기는 '안녕하십니까'와 같은 의례적 인사하기와 '사건을 담당하게 될, 사건 수임을 맡은'과 같이 신뢰감을 주기 위해 자신의 공식적인 직함을 제시하기가 있다. 개인 정보 제공하기는 '기업 소송 분야에서 승소 경험이 많은'과 같이 자신을 어필하거나, 전문성을 드러내기 위한 유리한 개인 정보 함께 제공하기가 있다. 관계 발전 소망 제시하기는 '앞으로 함께하기를 소망합니다, 당신과 좋은 파트너십을 유지했으면 좋겠습니다'와 같이 앞으로의 관계에 대한 발전 소망 등을 담은 표현 사용하기가 있다. 이런 소개는 업무 상황에서 이루어지는 공적 대화라고 볼 수 있기 때문에 어휘나 높임법을 적절하게 사용하면서 격식을 갖추는 것이 중요하다. 다음은 로스쿨 학생이나 실습 변호사 혹은 신임 변호사의 자기소개의 예다.

안녕하십니까? 뵙게 되어서 반갑습니다. 앞으로 의뢰인분의 사건을 수임하게 된 000 변호사입니다(신분 밝히기). 저희 로펌에 의뢰해 주셔서 감사합니다. 저는 그동안 의뢰하신 사건과 유사한 사건에 대해 승소 경험이 많아 이 사건을 진행하는 것에 적합한 측면이 있습니다(개인에 관한 정보 제공). 제가 앞으로 의뢰인분의 사건을 면밀히 조사하고 관련 사항에 대해 다각적으로 살펴보면서 승소할 수 있도록 법리 검토 및 주장에 최선을 다하겠습니다. 의뢰인께서도 저와 함께 원하시는 결과를 도출해 내었으면 좋겠습니다(관계 발전 소망).

스몰토크 활용하기

스몰토크는 인간관계를 확립하고 유지하는 데 도움을 주며 사회적 관계 형성과 연대감 표현에도 중요한 역할을 한다. 스몰토크의 구성 요소는 지속 시간, 주제, 대화 참여자, 상황이다(Kessel, 2009).

스몰토크의 지속 시간은 미팅 시간이나 상황에 따라서 적절하게 조정할 수 있다. 스몰토크의 주제는 대화 상황이나 사회 문화적 배경에 따라서 달라질 수 있기 때문에 대화 참여자의 사회 문화적 배경을 고려할 필요가 있다. 스몰토크 대화 참여자의 관계는 동등하며, 즉흥적으로 대화에 임한다는 것을 전제해야 한다. 스몰토크는 미팅이나 회의와 같은 공식적인 상황에서 이루어지는 의무적 스몰토크, 일상적인 사적 상황에서 일어나는 자유로운 스몰토크로 나눌 수 있다(박미진, 2020).

변호사의 스몰토크는 의무적 스몰토크에 해당하는데, 이는 어느 정도의 구속력을 지닌 대화로 긴 침묵은 결례가 될 수 있다. 하지만 시간이 촉박할 때에는 스몰토크가 지양되기도 한다.

스몰토크의 방법은 다음과 같다.

첫째, 적절한 스몰토크의 주제를 탐색해야 한다. 스몰토크의 주제는 갈등을 유발하지 않는 중립적이고 호의적이며 의뢰인에게 관심 있는 주제로 선정한다. 스몰토크를 잘 준비하려면 다양한 이슈와 분야에 대한 주제를 미리 알아 두는 것이 중요하다다. 스몰토크의 예로는 일상적인 것에서부터 의뢰인의 현재 상태나 기분, 상황 등을 드러낼 수 있는 질문들이 있다. 날씨, 생활 경험, 환경 등과 같은 일상적인 주제에서부터 공통의 관심사로 대화를 확장할 수 있다. 특히 상대방과의 공통점을 발견하고 이를 대화 주제로 발전시키려는 노력이 중요하다. 단, 사생활에 관련된 민감한 내용은 초반에는 묻지 않고, 의뢰인의 성향이나 사건 진행 과정 상황을 보고 판단한다.

날씨에 대한 스몰토크의 예로는 "오늘 날씨 정말 좋네요. 주말에는 주로 무엇을 하시나요. 오늘 비가 올 것 같아요. 우산 챙기셨어요? 저는 비 오는 날 차가 막혀서 별로 안 좋아하는데, 어떠세요? 요즘 날씨 많이 추워졌는데 감기는 괜찮으신가요?"와 같은 것이 있다. 취미와 관심사에 관해서는 "주말에는 주로 무엇을 하세요? 어떤 운동을 좋아하시나요? 많이 바쁘실 텐데, 쉬실 때 주로 무엇을 하시나요?"와 같은 질문을 활용할 수 있다. 교통과 관련해서는 "여기 어떤 교통편으로 오셨나요? 여기 오기까지 차가 막

히지는 않았나요?"와 같은 질문을 활용할 수 있다.

둘째, 대화를 이어 갈 수 있도록 적절한 질문과 피드백을 해야 한다. 대화의 지속성을 위해 상대방이 다양한 답변을 할 수 있는 개방형 질문을 하면서 긍정적 피드백을 해야 한다. 침묵이 오래 유지될 경우 상대가 지루함을 느낄 수 있고, 분위기가 가라앉을 수 있기 때문에, 가만히 듣기보다는 적절한 타이밍에 고개 끄덕이기, 추임새 등 공감하는 반응을 하거나 상대방이 말한 내용을 이어 받아서 가벼운 질문을 던져야 한다.

스몰토크를 할 때에는 가벼운 미소와 부드럽고 친절하고 유쾌한 말투로 긍정적인 분위기를 유지해야 한다. 이를 위해서는 상대의 말에 지속적으로 관심을 보이며, 적극적으로 경청하고 친절하고 긍정적인 태도로 자연스럽게 대화를 전개하려는 노력이 필요하다.

스몰토크는 원활한 대화를 지속하고, 부드럽고 편안한 분위기를 만들기 위한 목적이 있으므로, 지나치게 심각한 사건, 정치적 견해, 종교 문제와 같은 민감한 주제는 피하는 것이 좋다. 상대방이 호응하지 않을 경우에는 이야기를 중단하고 다른 주제로 전환할 필요도 있다.

참고문헌

김혜정(2001). 부부의사소통유형과 친밀감의 관계. 명지대학교 사회교육대학원 석사학위논문.

박미진(2020). 스몰토크의 언어학적 위상에 대한 소고. ≪독일어문학≫, 89, 155-175쪽.

이창덕 외(2007). 『삶과 화법』. 박이정.

Derlerga, V. J.(1984). *Communication intimacy and close relationships*, N.Y. Academic Press, Inc.

Gilbert, S.(1976). *Empirical and theoretical extensions of self-disclosure, explorations in interpersonal communication*, Gerald Miller, ed. Beverly Hills: Sage Publication.

Kessel, K.(2009). Die Kunst des Smalltalks: sprachwissenschaftliche Untersuchungen zu Kommunikationsratgebern(Vol. 7). Narr Francke Attempto Verlag.

Moss, B. & Schwebel, A. I.(1993). Marital and romantic relationships. *Family Relations, 42*(1), pp.31-38.

Reise, H. T. & Shaver, P.(1988). Intimacy as an interpersonal process. In Duck, S. W.(Ed.). *Handbook of personal relationships*, N.Y.: John Wiley and Sons, Ltd.

Waring, E. M.(1984). The measurement of marital intimacy. *Journal of Marital and Family Therapy*, Vol. 10.

02

의뢰인에게 계약 관련 사항을 효과적으로 안내하기

변호사는 의뢰인과 상담을 한 이후 모든 사건을 수임하는 것은 아니다. 의뢰인이 법적 절차 외에 다른 수단을 통한 사건 해결 방식을 선호할 수도 있고, 다른 변호사와 법적 전문성이나 신뢰성을 비교한 뒤 사건 위임 여부를 결정할 수도 있기 때문이다. 이 과정에서 중요한 점은 변호사가 의뢰인에게 사건 위임 계약의 내용과 조건을 구체적으로 설명해, 신중하고 명확한 결정이 이루어질 수 있도록 돕는 것이다.

수임 여부에 대한 판단과 초기 설명

변호사가 의뢰인의 사건을 검토한 결과, 법리적으로 의뢰인이 원하는 결과에 도달하기 어렵다고 판단되는 경우에는 무리하게 사건을 수임하기보다 수임을 거절하는 것이 바람직하다. 수임을 거절할 때는 의뢰인에게 의뢰인의 사건이 법적 판단에서 상대방보다 불리한 위치에 있다는 점, 소송에 소요되는 경제적 비용이 크기 때문에 법적 구제에 실익이 없을 수 있다는 점 등을 구체적으로 설명해야 한다. 반면 수임을 허락하는 상황에서는 수임과 관련된 설명을 진행해야 한다.

변호사는 법률 전문가로서 의뢰인의 소송 대리인으로서 쟁송 절차에 인입(引入)하게 되므로 변호사와 의뢰인 간의 사건 수임, 즉 법적 처리에 관한 계약은 위임 계약에 해당한다. 변호사와 의뢰인 사이에 작성하는 사건 위임 계약서는 해당 사건이 민사, 형사, 행정 사건인지에 따라 양식이 다른데, 변호사의 소송 대리인으로서의 권한과 함께 착수금, 실비, 성공 보수와 같은 비용, 자료의 보관, 비밀 유지 등에 관한 내용을 포함한다. 이에 변호사는 사건 위임 계약서를 작성하면서 의뢰인에게 충분한 설명을 제공해야 한다.

예를 들어 초기에는 "이제 사건 위임 계약서를 작성하

겠습니다. 중요한 부분은 제가 의뢰인께 설명을 드릴 텐데, 궁금한 부분이 있거나 이해가 가지 않는 부분이 있다면 바로 말씀해 주십시오."와 같이 의뢰인에게 질문을 해도 된다는 점과 설명이 전달되어야 한다는 점을 이야기한다.

수임 권한에 대해 설명하기

변호사는 의뢰인의 상담 내역에 따라 민·형사, 행정 등 영역에 관한 법리 구성이 가능한지 치밀하게 살펴보고, 연계된 소송 절차는 물론, 소송 대체적 분쟁 해결(Alternative Dispute Resolution: ADR) 제도, 수사 절차 등 다양한 법적 대처 방법에 대해 의뢰인에게 설명해야 한다.

이때 단계와 시기별로 의뢰인의 이해관계와 제반 사정을 고려해 어떠한 법적 대처 방법이 적합한지를 의뢰인에게 상세하게 설명할 필요가 있다. 예를 들어 의뢰인의 상황에 비추어 소송 절차보다는 소송 대체적 분쟁 해결 제도가, 형사 절차보다는 민사 절차가 바람직할 수 있다. 다만 최종 선택은 의뢰인의 몫이므로, 변호사는 그 과정에서 강요하지 말아야 하며 의뢰인이 심사숙고할 수 있도록 충분한 시간을 제공해야 한다.

의뢰인 측에서 법률 전문가인 변호사에게 알아서 처리해 줄 것을 요구하더라도 변호사는 권리의 주체가 의뢰인이므로 그 효과 역시 의뢰인에게 발생한다는 점을 상기시켜 의뢰인이 스스로 결정할 수 있도록 해야 한다. 따라서 이런 점을 "변호사가 수행한 소송 행위의 결과나 그 법적 효과는 의뢰인께 직접적으로 발생하게 됩니다. 그렇기 때문에 의뢰인께서 제가 말씀드린 부분에 관해서 최대한 심사숙고하셔서 결정하셔야 해요."라는 방식으로 전달해야 한다.

비용의 산출과 사용에 대해 항목을 나누어 투명하게 전달하기

변호사가 위임 사무의 처리에 대한 대가로 받는 '보수'는 수임인인 변호사와 위임인인 의뢰인 사이의 자유로운 합의에 의해 결정하는 것이 원칙이다. 따라서 변호사는 의뢰인에게 보수를 구성하는 착수 보수와 성과 보수(일명 '성공 보수')의 차이점과 구체적 내역을 명확히 설명하고, 인지대, 송달료, 감정료 등 쟁송에 소요되는 실비가 보수와 어떻게 구분되는지를 정확하게 설명해 주어야 한다.

이런 설명이 상담 및 사건 위임 계약 체결 시 명확하게 고지되지 않을 경우, 변호사는 추후 의뢰인과 보수와 관련된 분쟁에 휘말릴 소지가 있다. 실제 한국소비자원에서도 변호 서비스 위임 계약 체결 시 계약서 확인을 당부하면서, 비용과 연계된 소비자 피해 사례를 아래와 같이 홈페이지를 통해 게시하고 있기도 하다.

[사례 1] 변호사의 불성실한 위임 사무 수행을 이유로 한 손해 배상 청구

소비자가 소유권 이전 등기 청구 소송을 진행하고자 소송 위임 계약을 체결하고 착수금 300만 원을 지급한 후 소송을 진행했으나 변호사는 위임 사무를 거의 수행하지 않았으며 증거 제출 등을 소홀히 했는바 그로 인해 패소 및 피해를 입어 손해 배상을 청구함.

[사례 2] 남편과 이혼 소송 중 합의하여 소 취하한 경우

소비자는 남편을 상대로 이혼 소송을 진행하고자 소송 위임 계약을 체결하고 착수금 400만 원 지급한 후 소장이 제출되었으나 남편과 바로 합의하여 소비자가 소 취하서 제출하면서 착수금에 대한 환급을 요구함.

[사례 3] 착수금 이외에 비용 등의 명목으로 추가 지급한 비용의 반환 청구

소비자는 본인이 피고인으로 진행된 형사 사건 변호인과 소송 위임 계약을 체결하고 착수금 550만 원을 지급했으나 본인이 수감된 후 변호사가 부인에게서 여러 가지 비용 등의 명목으로 부당히 200만 원을 추가로 받았다며 이에 대한 환급을 요구함.

[사례 4] 3가지 소송을 진행하기로 했으나 1가지 소송만 진행한 경우 착수금 반환 청구

소비자는 변호사에게 인지 청구, 양육비, 위자료 소송에 대한 1심 변론을 위임하고 착수금으로 550만 원을 지급했으나 인지 청구 소송만 진행된 상태에서 추가 소송이 진행되지 않았다며 착수금 반환을 청구함.

변호사가 사건을 상담 및 수임할 때에는 사건을 해결하는 과정에서 발생할 수 있는 착수금과 인지대, 감정료 등 다양한 부대 비용은 물론, 사건의 승패에 따른 성공 보수를 경우의 수에 따라 구체적으로 설명하는 것은 매우 중요하다. 이 같은 변호사의 설명을 통해 의뢰인은 추후 부담할 수 있는 비용을 예측할 수 있고 자신의 경제적 상황을 고려해 사건 위임 여부를 결정할 수 있다.

향후 진행 절차와 필요한 서류 안내하기

사건 위임 계약서를 작성한 후에는 앞으로 사건이 어떻게 진행될 것인지, 서면 작성에 필요한 서류는 무엇이 있는지 안내해야 한다. 의뢰인은 소송 등 법적 절차에 대한 지식을 갖추지 못한 경우가 많으므로 다양한 경우의 수를 상정해 구체적으로 알려 줄 필요가 있다.

예를 들어 소송의 경우 1심에서 종결될 수도 있지만, 의뢰인 혹은 상대방의 항소나 상고에 의해 3심까지 진행될 수 있다. 이 경우 의뢰인에게 비용이 심급별로 발생할 수 있다는 점을 알려야 한다.

참고문헌

신연수(2005.8.9). 변호사 사건 위임 계약서 참고용 예시안 마련. ≪법률신문≫.

한국소비자원(2012.12.18). 변호서비스 위임계약 체결시 계약서 꼼꼼히 확인하세요!, https://www.kca.go.kr/home/sub.do?menukey=4005&mode=view&no=1001315152

03

의뢰인과 적정 거리 유지하며 사적·공적 친밀감을 형성하는 대화하기

의뢰인과 변호사는 사건 해결을 위한 협력자로서 공적 관계이지만, 상황에 따라 사건과 관련된 개인의 민감한 부분까지도 공유해야 하는 사적인 관계이기도 하다. 변호사는 의뢰인과의 심리적 거리감을 줄이며 사적 친밀감을 형성해야 한다. 또한 예의를 지키며 공적 친밀감을 유지하면서, 신뢰와 전문성을 드러낼 수 있어야 한다.

심리적 거리감을 줄이며 정서적 친밀감 드러내기

친밀감은 상호 작용 관계에 놓여 있는 두 사람이 경험하는 긍정적인 정서를 의미한다. 사람들은 자신의 생각이나 경험 등을 공유하는 과정에서 상대방과의 심리적 거리감을 줄이고, 친밀감을 형성할 수 있다. 친밀감이 형성되면, 사람들은 중요한 개인적 감정과 정보를 주고받게 되고, 그 과정에서 상대방으로부터 인정과 배려를 받았다고 느끼게 된다(Derlega, 1984).

정서적 친밀감(emotional intimacy)은 상대방과의 신뢰, 이해, 지지, 수용 등을 통해 형성된다. 정서적 친밀감을 표현하는 방법은 상대방을 이해하는 표현하기, 상대에 대한 수용적 태도 드러내기, 상대를 정서적으로 지지해 주기 등이 있다.

의뢰인의 감정을 인정하고 공감하는 표현을 할 때에는 의뢰인의 감정 상태를 분석하려 하기보다는 의뢰인이 느끼는 감정을 인정하고 포용하는 태도를 갖는 것이 중요하다. 예를 들어 "그런 상황에서는 그렇게 느낄 수밖에 없겠네요.", "의뢰인분이 지금 어떤 심정인지 충분히 이해합니다.", "의뢰자분의 말씀을 들으니 제 마음이 무겁습니다."와 같은 표현이 있다.

의뢰인에 대한 수용적 태도를 드러내는 표현을 할 때는 의뢰인의 마음을 편안하게 해 주고, 기꺼이 모든 것을 듣고 수용할 태도가 되어 있다는 것을 드러내는 것이 중요하다. 예를 들어 "의뢰인분이 어떤 어려움을 겪고 있는지를 듣고 싶습니다.", "준비되시면 편하게 말씀해 주시기를 바랍니다.", "어떤 일에 대해 상담할지를 자세히 말씀해 주시면 제가 잘 듣고 관련 사항에 대해 말씀드리도록 하겠습니다."와 같은 표현을 사용할 수 있다.

의뢰인을 정서적으로 지지하는 표현을 할 때에는 감정적으로 안정감을 주거나, 격려, 응원, 배려, 위로하는 표현을 사용할 수 있다. 예를 들어 "힘드시겠지만, 옆에서 함께 도움을 드리도록 하겠습니다.", "지금 상황이 나쁘긴 하지만, 힘을 내시고, 자신을 스스로 잘 돌보시기를 바랍니다."와 같은 표현을 사용할 수 있다.

공손의 원리를 사용해 공적 친밀감 표현하기

바람직한 대화를 위해서는 상대의 관점을 고려하고 적절한 거리를 유지하면서 공적 친밀감을 표현하는 것이 중요하다. 이때 중요한 것이 공손(恭遜)을 유지하는 것인데, 이는 대화에서 지켜야 할 예절일 뿐만 아니라, 화자의 사회적 지위를 반영하거나, 관계의 친밀도를 조정하는 도구로 매우 중요한 역할을 한다.

로빈 레이코프(Robin Lakoff)는 사람들이 사회적으로 조화를 이루고 원활한 소통을 하기 위해 예의와 체면을 유지하려는 다양한 전략을 사용한다고 보았으며, 이를 공손의 원리(politeness principle)로 설명했다(Lakoff, 1973). 공손의 원리를 의뢰인과의 대화에 적용해 보면 다음과 같다.

첫째, 상대방에게 부담을 주거나 강요하는 말을 하지 말고, 직접적인 명령을 피하는 것이 좋다. 예를 들어 "혹시 가능하시다면 이 부분에 대해서 보다 상세히 말씀해 주실 수 있을까요?", "불편하시거나 부담된다면 말을 안 하셔도 됩니다.", "혹시 괜찮으시면, 제시해 드린 방법에 대해 의뢰인분의 의견을 들어 볼 수 있을까요?"와 같은 표현을 사용할 수 있다.

둘째, 상대방에게 선택권을 주고, 요청을 거절할 수 있는 여지를 남기며 자율성을 존중해 상대방에게 의견을 말하도록 유도할 필요가 있다. "말씀을 듣고 보니 현재 상황은 이렇게 정리할 수 있을 것 같습니다. 이러한 문제에 대해 어떻게 대응하는 게 좋을지 의뢰인분의 의견을 듣고 싶습니다.", "이러한 재판 전략에 대해 어떻게 생각하시나요? 특히 걱정되는 부분이나 추가하고 수정해야 할 점이 있다면 말씀해 주세요.", "현재 저희가 검토한 법적 문제는 다음과 같습니다. 이 부분에 대해 의뢰인 분은 어떻게 생각하시는지 의견을 듣고 싶습니다."와 같은 완곡한 표현을 사용하는 것이 좋다.

셋째, 상대방의 자존감을 높여 주고, 칭찬, 격려와 같이 긍정적 표현을 사용하면서 상대방을 편하게 만들 필요가 있다. 예를 들어 "의뢰인분께서 제공해 주신 정보가 재판을 준비하는 데 많은 도움이 될 것입니다. 이렇게 자세하게 자료를 준비해 주셔서 감사합니다.", "말씀하시기 어려운 상황인데, 이렇게 용기 있게 결단을 내리고 솔직하게 말씀해 주셔서 감사합니다. 재판을 진행하는 데 큰 도움이 될 것입니다."와 같은 표현을 사용할 수 있다.

신뢰감을 줄 수 있는 정보를 제공하며 전문성 드러내기

의뢰인과의 대화에서 신뢰감을 주기 위해서는 대화 상황에서 전문성을 드러내며, 신뢰성 있는 정보를 제공해야 한다.

전문성을 드러내는 표현으로, 법적 지식을 적용한 조언은 "이 사건은 민법 제30조와 관련이 있으며, 이 조항에 따라 다음과 같은 요건을 갖추는 것이 필요합니다. 이번 사건의 핵심 쟁점은 저작권에 대한 부분입니다. 법원은 일반적으로 계약의 명확한 조항을 우선시하며, 이러한 관점에서 사건에 접근해야 합니다."와 같이 표현할 수 있다. 또한 "최근 법률 개정 사항에 따르면, 이번 사건에 적용될 수 있는 새로운 규정이 있습니다. 이 규정에 관해 설명해 드리겠습니다."와 같이 최근 개정된 법률이나 법률 동향 설명을 하는 것도 중요하다. 이 외에도 법적 절차와 리스크, 진술 거부권에 대한 설명 등을 활용할 수 있다.

신뢰성을 드러내는 표현으로는 "말씀하신 사건과 유사한 사례를 처리한 경험이 풍부합니다."와 같이 유사 경험에 관한 내용을 제시하거나, "저희는 기한까지 관련된 문서를 준비하겠습니다. 진행 사항에 대해 다음 주 월요일까지 피드백을 드리도록 하겠습니다."와 같이 명확한 정보를 제공하고 약속 일정을 준수하겠다는 다짐을 제시할 필요가 있다. 아울러 "이 사건에 관련된 판례와 관련 규정을 바탕으로, 의뢰인분에게 유리한 합리적 해결책을 다섯 가지 단계로 제안드리겠습니다."와 같이 실행 단계나 계획에 대해 명확하게 피드백을 하고, 객관적이고 공정한 조언을 할 필요가 있다.

특히 변호인은 비밀 유지에 대한 신뢰를 명시적으로 제시할 필요가 있다. 의뢰인의 처지에서는 자신의 비밀이

누설될 염려 없이, 안심하고 변호인의 조력을 받기를 원한다. 중대한 공익이 아닌 경우라면 변호사는 의뢰인의 정보나 소송 과정에서 작성한 메모, 의견서 등과 같은 문서나 자료 등을 의뢰인의 의사에 반하여 게시하거나 이용할 수 없다는 사실을 명시해야 한다(김현수, 2020). 만약 변호사에게 제공된 비밀이 공개될 것이라는 불안감이 있으면, 의뢰인은 변호사에게 진실을 말하지 않을 수도 있다. 비밀 유지 의무는 사법 제도에 대한 신뢰를 제고하고, 지속적인 사건 수임을 가능하게 한다는 점에서 변호사의 의무 중에서 가장 중요한 의무 중의 하나로 인식되고 있다(최형구, 2013).

변호사가 의뢰인에게 비밀 유지를 제시하는 방법으로는 "의뢰인분의 모든 정보와 대화는 법적으로 보호받으며, 철저히 비밀로 유지됩니다. 어떤 정보도 제3자와 공유되지 않을 것입니다."와 같이 비밀 유지 원칙과 의무 설명하기, "의뢰인분의 개인 정보와 사건에 관한 모든 세부 사항은 철저히 비밀로 유지되며, 외부에 공개되지 않을 것입니다."와 같이 개인 정보 보호에 대해 제시하기, "모든 서류와 기록은 안전하게 보관되며, 의뢰인분의 동의 없이는 어떤 정보도 외부와 공유되지 않습니다."와 같이 비밀 유지 약속 및 법적 보호 설명 등이 있다.

참고문헌

김현수(2020). 변호사의 비밀유지의무와 권리에 관한 고찰. ≪저스티스≫, 177, 411-435쪽.

이성범(2019). 『소통의 화용론』. 한국문화사.

최형구(2013). 변호사의 겸직제한과 법조윤리: 사내변호사를 중심으로: 사내변호사를 중심으로. ≪법학연구≫, 24(1), 11-42쪽.

Derlega, V. J.(1984). Self-disclosure and intimate relationships. *Communication, intimacy, and close relationships*, pp.1-9.

Lakoff, R.(1973). Language and woman's place. *Language in Society, 2*(1), pp.45-79.

Lakoff, R.(1973). The logic of politeness; or, minding your P's and Q's. In C. Corum, T. Cedric Smith-Stark, & A. Weiser (Eds.), *Papers from the ninth regional meeting of the Chicago Linguistic Society*(pp.292 – 305). Chicago Linguistic Society.

04

의뢰인의 말을 경청하며 공감적으로 반응하기

의뢰인은 자신의 급박한 상황을 두서없이 이야기하거나, 감정적으로 흥분한 상태로 사건을 이야기할 수 있다. 변호인은 의뢰인의 말을 경청하면서 공감적으로 반응하되, 지나치게 감정이입을 하지 말아야 한다. 의뢰인의 상황을 객관적으로 정리하면서, 의뢰인의 상황을 이해하고 있음을 표현할 필요가 있다.

의뢰인이 이야기를 지속할 수 있도록 격려하며 들어 주기

공감적 듣기는 의뢰인의 생각이나 느낌을 이해하고 받아들이기 위해 노력하고 있음을 인식시켜 주는 듣기 방법이다. 공감적 듣기의 기본은 상대방에게 관심을 표명하면서 화자가 계속 이야기할 수 있도록 격려하며 들어 주기 방식을 사용하는 것이다.

격려하며 들어 주기를 하기 위해서는 첫째, 부드러운 말투로 질문을 이어 가야 한다. 의뢰인과 생각이 다를 경우 이를 즉각적으로 부정하기보다는 우선 의뢰인이 전개하고 있는 논리를 그대로 수용하는 것이 중요하다. 이때 신문하거나 부정하는 말투보다는 부드러운 말투로 질문하기, 의뢰인이 한 행동이나 말에 대해 칭찬하기, 감정에 대해 지지하기 등의 방법을 사용한다.

둘째, 침묵을 견디는 것도 중요하다. 공감적 듣기를 위해서는 상대방이 이야기할 여지를 더 준다는 차원에서 침묵을 견디면서 의뢰인에게 생각할 시간을 주는 것도 중요하다.

의뢰인의 감정에 적절하게 반응하며 적극적으로 들어 주기

공감적 듣기에서는 의뢰인이 객관적 관점에서 문제에 접근할 수 있도록 말을 요약, 정리해 주고 반영해 주면서 의뢰인 스스로 문제를 해결하도록 도와주는 것이 필요하다(이창덕 외, 2007). 이를 적극적 듣기(active listening)라고 하는데, 언어적 · 비언어적 메시지에 귀를 기울이며 의사소통이 지속해서 일어나도록 피드백을 보내는 것을 의미한다(박재현, 2023). 적극적 듣기의 방법으로는 내용 재진술하기, 반영하기가 있다.

내용 재진술하기는 의뢰인이 감정적인 부분을 섞어서 자신의 상황을 이야기할 때, 변호인은 의뢰인이 말한 내용을 핵심적 의미를 담아 가치 판단이 들어가지 않은 용어로 다시 표현하는 것이다. 이때 변호인은 의뢰인의 말을 단순히 반복하는 것이 아니라 자기 말로 요약해 의뢰인이 말한 내용에 관한 피드백을 해 준다. 이를 통해 의뢰인은 자신이 말한 내용과 의도가 명확하게 전달되었음을 확인할 수 있다.

반영하기는 의뢰인의 감정이나 정서를 이해했음을 직간접적으로 표현하는 방식이다. 변호인은 언어나 비언어적 방식을 통해 화자의 감정에 공감하고 있음을 표현할 수 있다. 또한 지나치게 부정적이나 비관적인 태도를 지닌 의뢰인에게는 상황을 해석해 줌으로써 사태를 다른 관점에서 바라볼 수 있도록 도와주는 역할을 할 수도 있다.

의뢰인에게 공감적 반응 보여 주기

공감적 반응을 하기 위해서는 의뢰인의 말을 분석하거나 비판하기보다는 의뢰인의 생각이나 감정을 깊이 있게 이해하기 위해 주의를 기울이면서 경청하는 것이 중요하다. 그 과정에서 의뢰인의 말 속에 포함되어 있는 중요한 감정, 태도, 신념, 가치 기준이 무엇인지를 포착한다. 의뢰인의 인격과 삶을 존중하는 태도를 유지하며, 편견 없이 의뢰인의 진실성, 성장 가능성을 신뢰하는 마음으로 말을 경청한다.

공감적 반응을 보여 주는 방식으로는 직접적인 눈 맞춤, 미소 짓기, 고개 끄덕이기, 눈을 크게 뜨기, 앞으로 기울인 자세로 긍정적인 표정 짓기 등이 있다.

의뢰인과 자신의 생각이 다를 경우 이를 즉각적으로 부정하기보다는 우선 의뢰인이 전개하고 있는 논리를 그대로 수용하는 것이 중요하다. 신문하거나 부정적인 말투보다는 부드러운 말투로 질문하기, 의뢰인의 행동이나 말에 대해 칭찬하기, 감정에 대해 지지하기 등의 방법을 사용한다.

예를 들어 억울하게 기소된 의뢰인이 불안에 떨고 있을 때는 "지금 상황이 정말 복잡하다는 걸 이해합니다. 제가 같은 입장이라도 정말 고민이 될 것 같습니다."와 같이 그들의 감정을 진심으로 이해한다는 표현을 할 수 있다. 의뢰인이 자신의 이야기를 하며 눈물을 흘릴 때에는 "정말 많이 힘들죠? 얼마나 힘들지 말로 다 표현할 수 없겠지만, 함께 문제를 해결하도록 하겠습니다."와 같이 따뜻한 말로 위로를 건넬 수 있다. 만일 범죄 피해자의 가족이 고통스러워할 때에는 "이런 큰 슬픔을 어떻게 이겨내야 할지 정말 힘드시겠지만, 하실 말씀이 있으면 모두 상세하게 이야기해 주시기를 바랍니다. 이야기를 들어 줄 준비가 되어 있습니다."와 같이 고통을 묵묵히 받아들이고 의지할 수 있도록 신뢰감 주는 표현을 사용할 필요도 있다.

과도한 감정이입과 과잉 감정, 대리 분노 주의하기

감정이입은 다른 사람의 입장과 감정을 이해하는 것으로, 감정이입 상태에서 '나'는 마치 그 사람이 된 것처럼 행동한다. 감정이입과 공감은 모두 상대방의 관점에서 상황을 바라보고, 상대방이 느끼는 감정을 깊이 이해하고자 한다는 점에서 공통점을 지닌다(박경일, 2014).

의뢰인을 대할 때 변호인은 의뢰인의 입장과 상황을 고려하면서 공감적으로 반응하는 것이 중요하다. 하지만 과도한 감정이입은 변호인으로서의 전문성을 훼손할 수 있고, 의뢰인의 프라이버시를 침해할 수 있으며 이로 인해 중요한 법률적 쟁점을 놓칠 우려도 있다. 변호인이 의뢰인에게 지나치게 감정이입을 할 경우 우울증, 불안감과 같은 부정적 감정으로 인해 정서적으로 어려움을 겪을 수도 있다. 의뢰인과 자신의 감정을 구분하기 어려워 객관적으로 상황을 볼 수 없기 때문에 올바른 판단을 할 수 없다.

변호인은 의뢰인에게 본인의 과잉 감정을 드러내지 말아야 한다. 과잉 감정은 필요 이상으로 지나치게 감정을 드러내는 것으로 분노, 두려움, 슬픔, 기쁨 등 다양한 형태로 나타날 수 있다. 변호인이 의뢰인의 상황에 대해 과잉 감정을 드러낼 경우 자기 통제력을 상실해 상황을 주관적으로 해석하거나 이성적으로 판단하지 못하여 재판 준비와 의사 결정에 부정적 영향을 미칠 수 있다.

대리 분노에 대해서도 조심해야 한다. 대리 분노는 '대리 외상'과 유사한 개념이다. 대리 외상은 상담자가 내담자의 외상에 지속적으로 노출되고, 공감적으로 관여한 결과 상담자의 삶 전반에 나타나는 총체적인 영향이다

(McCann & Pearlman, 1990). 대리 외상과 같이 대리 분노는 변호인의 신체적 · 정서적 반응, 인지적 변화뿐만 아니라 의뢰인과 신뢰 관계에서의 문제 발생, 공과 사의 경계 위반, 사회적 고립 등 다양한 현상으로 나타날 수 있다.

의뢰인이 겪는 부당함이나 고통을 보거나 들었을 때, 의뢰인의 감정에 공감하는 데 그치지 않고, 더 나아가 변호인이 대리 분노를 느끼게 되면 여러 가지 문제가 발생할 수 있다. 객관성을 상실하여 냉철한 법적 판단을 내리지 못해 의뢰인에게 불리하거나 비합리적 재판 전략을 선택할 수 있다.

과도한 감정이입, 과잉 감정, 대리 분노는 재판의 진행과 결과뿐만 아니라, 의뢰인과의 관계에도 부정적 영향을 끼칠 수 있다. 이런 감정 반응은 변호사로서의 전문성을 훼손하고 의뢰인과의 신뢰 관계를 무너뜨릴 수 있으므로 주의해야 한다.

참고문헌

박경일(2014). 흄의 공감론에 대한 연구. 서울대학교 박사학위논문.
박성희(2004). 『공감학: 어제와 오늘』. 학지사.
박재현(2018). 공감적 의사소통 역량의 교육 내용 체계. ≪작문연구≫, 37, 7-34쪽.
박재현(2023). 『화법교육을 위한 의사소통 이론』. 사회평론아카데미.

이창덕 외(2007). 『삶과 화법』. 박이정.
정상섭(2005). 공감적 듣기의 듣기교육적 수용 연구. ≪한국초등국어교육≫, 28, 277-305쪽.
McCann, I. L. & Pearlman, L. A.(1990). Vicarious traumatization: A framework for understanding the psychological effects of working with victims. *Journal of Traumatic Stress, 3*(1), pp.131-149.

05

의뢰인에게 사실 관계를 파악하는 질문하기

변호사는 의뢰인과의 대화를 주도하며, 필요한 정보를 효과적으로 수집하기 위해 다양한 질문 기법을 활용한다. 이 과정에서 변호사는 '법적 자문'과 '관계 형성'이라는 두 가지 목표를 동시에 달성해야 한다. 이러한 접근은 변호사의 역할을 정보 수집자에서 의뢰인이 자신의 이야기를 자유롭게 풀어낼 수 있도록 돕는 '중재자'와 '지원자'로 확장할 것을 요구한다.

의뢰인의 요구를 정확히 파악하기 위한 질문하기

질문은 단순히 사건에 대한 정보를 수집하는 것을 넘어, 의뢰인의 심리적 · 정서적 요구를 이해하고 법률 서비스의 품질을 높이며, 변호사와 의뢰인 간의 신뢰를 형성하는 데 중요한 역할을 한다. 의뢰인의 요구를 충분히 이해하지 못하면 변호사와 의뢰인 간의 관계가 악화될 수 있으며, 사건 결과가 기대와 어긋나 승소하더라도 불만족으로 이어질 가능성이 크다.

이에 따라 상담 초기 단계에서 의뢰인의 요구와 배경을 명확히 파악하는 것은 보다 효과적인 전략을 수립하는 데 필수적이다. 이를 위해 의뢰인이 소송을 통해 달성하고자 하는 목표와 우선순위, 가용 자원, 소송 경험 등에 대해 질문해야 한다. 이를 바탕으로 변호사는 사건 해결의 방향성을 설정하고, 사건의 법적 측면뿐만 아니라 의뢰인의 심리적 · 정서적 요구를 함께 고려해 종합적인 해결 전략을 수립할 수 있다.

의뢰인의 요구를 파악하기 위해 활용할 수 있는 질문으로 목표 설정 및 우선순위 파악, 예산 및 시간 자원 확인, 이전 경험 및 참고 사항 확인, 개인적 측면 및 구체적 요구 확인이 있다.

먼저, 목표 설정 및 우선순위 파악을 위해 "이번 사건에서 가장 중요한 목표는 무엇인가요?", "이 사건의 결과가 어떻게 나오기를 기대하시나요?", "해결 과정에서 특별히 중점적으로 고려하는 부분이 있으신가요?"와 같은 질문을 활용할 수 있다.

다음으로, 예산 및 시간 자원 확인을 위해 "이 문제를 해결하기 위해 예상하고 계신 예산이 어느 정도인가요?", "이 사건이 어느 정도의 시일 내에 해결되기를 원하시나요?", "특별히 고려해야 할 일정이나 기한이 있으신가요?" 등의 질문을 던질 수 있다.

또한 이전 경험 및 참고 사항 확인을 위해 "소송 경험이 많으신가요, 아니면 이번이 처음인가요?", "혹시 다른 변호사와 상담을 받으셨나요?", "의견서를 받으신 적이 있나요?" 등의 질문을 통해 배경 정보를 파악할 수 있다.

마지막으로, 개인적 측면 및 구체적 요구 확인을 위해 "이번 사건에서 가장 걱정되거나 염려되는 부분이 있으신가요?", "특별히 저를 찾아오신 이유가 있으실까요?", "제가 특히 신경 써야 할 부분이 있다면 말씀해 주시겠습니까?", "진행 상황에 대해 얼마나 자주 업데이트를 받길 원하시나요?", "어떤 방식(전화, 이메일 등)으로 연락을 받는 것이 가장 편리하신가요?"와 같은 질문을 활용해 의뢰인의 기대와 선호 사항을 세밀하게 파악할 수 있다.

이런 질문은 의뢰인이 원하는 법률 서비스의 방향성을 명확히 표현하도록 돕고, 변호사가 구체적인 요구 사항을 파악하는 데 기여한다. 이를 통해 의뢰인이 사건에 대해 어떻게 생각하는지와 그 이유를 심층적으로 이해할 수 있다.

의뢰인과 자유로운 분위기에서 열린 질문하기

의뢰인의 상황을 깊이 이해하고 사건의 본질을 객관적으로 파악하기 위해서는 자유롭고 편안한 분위기를 조성하고 열린 질문을 활용해야 한다. 신입 변호사들이 상담 과정에서 자주 범하는 실수 중 하나는, 우선적으로 자신의 법리적 관점에 따라 사건을 해석하려는 경향이다. 이러한 접근 방식은 사건의 본질을 왜곡하거나 부정확한 전제에 기반한 법적 전략을 수립할 위험을 초래할 수 있다.

상담 초기 단계에서는 변호사가 자신의 관점을 미리 확정하지 않아야 한다. 대신 의뢰인이 자신의 생각과 경험을 충분히 표현할 수 있도록 경청과 공감을 통해 자유로운 분위기를 조성해야 한다. 이 단계에서 열린 질문(opened question)은 의뢰인에게 자유 회상의 기회를 제공해 유의미한 정보를 얻는 데 효과적이다. 열린 질문은 의뢰인에게 답변의 범위를 제한하지 않고, 자신이 말할 정보의 내용과 양을 능동적으로 선택할 기회를 제공하기 때문이다(고범서 외, 2004). 반면 단답형이나 선택형 질문과 같은 닫힌 질문(closed question)은 의뢰인의 답변을 제한해 상담의 질을 저하할 수 있으므로, 시간적 제약이 있는 경우 등 필요에 따라 적절히 활용해야 한다.

변호사는 사건의 주요 내용, 배경, 원인, 그리고 의뢰인의 관점을 파악하기 위해 사건의 주요 내용 및 배경 확인, 의뢰인의 관점 및 감정 파악, 질문 기법 활용과 같은 접근 방식을 사용할 수 있다.

먼저, 사건의 주요 내용 및 배경 확인을 위해 "이 사건이 일어난 순서대로 말씀해 주시겠어요?", "이 사건의 배경을 자세히 말씀해 주시겠어요?", "이 문제가 왜 발생했다고 생각하시나요?", "관련된 비하인드 스토리가 있나요?"와 같은 질문을 활용할 수 있다.

다음으로, 의뢰인의 관점 및 감정 파악을 위해 "이 사건에 대해 어떻게 생각하시나요?", "이 사건에 대해 어떻게 느끼시나요? 자유롭게 말씀해 주세요." 등의 질문을 통해 의뢰인의 입장과 정서를 세밀하게 이해할 수 있다.

또한 질문 기법 활용을 통해 보다 정확한 정보를 얻을 수 있다. 육하원칙 기법을 활용해 "사건 당시 정확히 어디에 계셨고, 그 시점에 어떤 일이 발생했나요?"와 같은 질문을 던질 수 있으며, 추가 정보 요청을 위해 "전부 말씀해 주세요.", "더 말씀해 주실 부분이 있으신가요?" 등의 질문을 활용해 세부적인 내용을 파악할 수 있다.

의뢰인의 이야기를 비판적이거나 판단적인 태도 없이 경청하면, 의뢰인은 더욱 풍부하고 일관된 정보를 제공할 가능성이 높아진다. 이는 변호사가 적절한 법적 전략을 수립하는 데 도움을 줄 뿐만 아니라, 의뢰인 스스로 자신의 상황을 객관적으로 성찰할 기회를 제공한다(Brooks, 2014). 이러한 접근은 변호사와 의뢰인 간의 신뢰를 강화하며, 성공적인 사건 해결로 이어질 가능성을 높인다.

의뢰인으로부터 법률관계를 바탕으로 필요한 정보를 확정해 가는 방식으로 질문하기

변호사-의뢰인 관계에서 중요한 것은 정확하고 포괄적인 정보를 수집한 후 이를 바탕으로 적절한 법적 전략을 수립하는 것이다. 초기 상담에서 열린 질문과 경청을 통해 많은 정보를 얻었다면, 이후 단계에서는 수집된 정보를 바탕으로 법률적 관계를 명확히 하고 필요한 추가 자료를 확정해 가는 과정이 필요하다.

이를 위해 변호사는 의뢰인의 설명에서 법적으로 필요

한 핵심 정보를 선별하고, 이를 증명할 수 있는 증거를 확보하는 데 초점을 맞춘 질문을 해야 한다. 이러한 접근은 정보의 초점 조정, 추가 증거 자료 요청, 유도 질문 활용과 같은 전략을 통해 이루어질 수 있다.

먼저, 정보의 초점 조정을 위해 변호사는 의뢰인이 법적 관계와 무관한 장황한 설명을 할 경우, 대화를 사건과 직접 관련된 부분으로 전환해야 한다. 예를 들어, 의뢰인의 설명이 다소 길어질 경우, 변호사는 "말씀해 주신 내용이 이해됩니다. 이제 사건과 직접 관련된 부분에 대해 집중적으로 이야기해 볼까요?"라고 질문함으로써 대화의 흐름을 조정할 수 있다. 또한 사건 당시 상대방과의 직접적인 상호 작용이 중요한 경우, "그날 상대방과 직접적으로 마주친 상황에 대해 구체적으로 설명해 주시겠어요?"라고 질문해 보다 핵심적인 정보에 집중할 수 있도록 유도할 수 있다.

다음으로, 추가 증거 자료 요청을 통해 사건의 사실 관계를 명확히 하고, 의뢰인의 주장을 법적으로 뒷받침할 수 있도록 해야 한다. 법정에서의 설득력과 신뢰성을 높이기 위해 변호사는 "이 상황을 뒷받침할 수 있는 문서나 자료가 있습니까?"라고 물어 증거를 확보하는 것이 중요하다. 또한 사건 당시의 대화나 행동을 입증할 수 있는 추가적인 증거가 있는지를 확인하기 위해 "당시 있었던 대화나 행동을 증명할 수 있는 증거가 있나요?"라고 질문해 보다 구체적인 정보를 확보할 수 있다.

마지막으로, 유도 질문 활용을 통해 상담이 충분히 진행된 후 사건의 법적 관계를 보다 명확히 할 수 있다. 예를 들어, 폭행 사건과 같이 사건의 흐름이 명확하지 않은 경우, 변호사는 "상대방이 먼저 시작했나요? 아니면 본인이 먼저 시작했나요?"라고 질문함으로써 사건의 법적 관계를 정리할 수 있다. 또한 상속 관련 사건에서 채무 여부가 명확하지 않은 경우, "상속 대상 재산에 채무가 포함되어 있다는 이야기를 들으신 적이 있거나, 이에 대해 이미 확인하신 내용이 있으신가요?"라고 물어 추가적인 정보를 확보할 수 있도록 한다.

이와 같이 변호사는 적절한 질문 기법을 활용해 의뢰인의 진술을 보다 명확히 정리하고, 사건 해결에 필요한 법적 핵심 정보를 효과적으로 확보할 수 있도록 해야 한다. 법률적으로 필요한 정보를 확정해 가는 과정은 사건의 윤곽을 그리고, 법적 해결에 필요한 자료를 신중하게 결정하는 데 핵심적이다. 변호사가 이 과정에서 주도적으로 대화를 이끌어 나가며 적절한 질문을 던지면, 의뢰인은 보다 명확하고 구체적인 정보를 제공할 수 있다. 이를 통해 변호사는 법적 전략을 정교화하고 사건을 성공적으로 해결할 기반을 마련할 수 있다.

참고문헌

고범서 외(2004). 『사회신뢰/불신의 표상과 대응:미시적 설정』. 소화.

박종도(2015). 이용자 참여형 참고 서비스 개발을 위한 질문 유형 구분에 대한 문헌적 고찰. ≪한국문헌정보학회지≫, 49(4), 401-417쪽.

조효진(2015). 질문의 유형에 따른 청소년 목격자의 오정보 연구. 경기대학교 석사학위논문.

Barton, K., Cunningham, C. D., Jones, G. T., & Maharg, P.(2006). Valuing what clients think: standardized clients and the assessment of communicative competence. *Clinical L. Rev., 13*(1).

Brooks, S. L.(2014). Using a communication perspective to teach relational lawyering. *Nevada Law Journal, 15*(2), pp.477-518.

Chow, W. & Ng, M.(2018). Legal education without the law-lay clients as teachers and assessors in communication skills. In *Legal education at the crossroads*(pp.101-124). Routledge.

deVilliers, J. G. & deVilliers, P. A.(1978). *Language acquisition.* Harvard University Press.

Wylie, B. E., Bruer, K. C., Williams, S., & Evans, A. D.(2024). Lawyer questioning practices in Canadian courtrooms. *Canadian Journal of Behavioural Science/Revue canadienne des sciences du comportement.*

06

의뢰인의 상황을 정확하게 요약하기

의뢰인의 진술을 정확히 요약하여 전달하는 것은 사건의 본질을 명확히 파악하는 데 필수적이다. 이를 위해 초기 상담에서 요약을 독립된 의사소통 단계로 진행하고, 이 과정에서 사실 관계를 체계적으로 정리하고 주요 쟁점을 명확히 도출해야 한다. 이를 통해 변호사와 의뢰인이 사건에 대한 공동의 이해를 형성하고 협력적 접근을 강화할 수 있다.

의뢰인의 상황을 정확하고 간결하게 요약하기

변호사는 사건의 전반적인 맥락과 큰 그림을 파악하며 의뢰인의 이야기를 논리적으로 정리해야 한다. 사건 요약은 말 그대로 사건에 대한 간략한 요약이므로, 무의미한 사실, 부수적인 논쟁 등으로 요약 작업이 복잡해지지 않도록 하고, 핵심 내용에만 집중해야 한다.

이 과정에서 사실과 사실이 아닌 것을 선별하고, 불필요한 정보를 배제해 사건의 본질을 간결하고 명확하게 전달하는 것이 중요하다. 이를 통해 변호사와 의뢰인은 사건을 효과적으로 이해할 수 있으며, 상호 신뢰를 바탕으로 법적 전략을 수립하는 데 필요한 기초를 마련할 수 있다.

의뢰인의 상황을 명확히 요약하기 위해 턴 반 디크(Teun van Dijk)가 제안한 '삭제(delete)-선택(select)-일반화(generalization)-구성(construction)'의 요약 규칙을 활용할 수 있다(van Dijk, 1995). 이 규칙은 다음과 같은 단계를 포함한다.

먼저, 삭제 단계에서는 사건과 직접적으로 관련되지 않은 정보를 제거한다. 불필요한 세부 사항이 포함되면 요약의 초점이 흐려질 수 있으므로, 의뢰인의 진술에서 핵심적인 내용만 남기고, 법적 판단과 무관한 개인적 감정이나 부차적인 배경 설명은 제외하는 것이 중요하다.

다음으로, 선택 단계를 통해 사건의 본질과 관련된 핵심 내용을 선별한다. 중복되거나 덜 중요한 정보는 배제하고, 법적 전략 수립에 반드시 필요한 요소를 중심으로 정리해야 한다. 예를 들어, 의뢰인의 진술 중 상대방과의 대화 내용이 중요한 증거로 활용될 수 있다면, 해당 대화를 중심으로 요약하고, 사건 발생 전후의 사소한 일상적 대화는 생략할 수 있다.

이후, 일반화 단계를 거쳐 의뢰인의 구체적인 진술을 간결하고 보편적인 표현으로 정리한다. 이를 통해 사건의 주요 맥락을 명확히 하고, 법적 논리와 연관된 핵심 정보를 효과적으로 전달할 수 있다.

마지막으로, 구성 단계를 통해 선택된 정보를 통합해 논리적이고 일관된 이야기로 정리한다. 정보의 흐름과 사건의 맥락을 고려해 의뢰인의 상황을 명확히 정리해야 하며, 특히 의뢰인이 요약 내용을 검토하기 쉽도록 원고와 피고의 이름을 명시하고 절차적 경위를 중심으로 정리하는 것이 중요하다.

이러한 '삭제-선택-일반화-구성'의 요약 규칙을 활용하면 변호사는 사건의 핵심을 명확히 파악하고, 중요한 세부 사항을 놓치지 않을 수 있다. 또한 이러한 요약은 변호사가 의뢰인의 상황을 제대로 이해했음을 보여 주어, 이후 법률적 조치의 신뢰성을 강화하는 데 기여한다.

의뢰인의 상황을 과정 중심의 관점에서 감정과 맥락을 포함하여 요약하기

의뢰인의 상황 진술을 요약할 때, 결과론적으로 정리하지 않고 과정 중심의 관점을 취해야 한다. 과정 중심의 관점으로 요약한다는 것은 사건의 결과만을 강조하지 않고, 그 결과에 이르는 배경, 원인, 주요 전개 과정, 그리고 의뢰인의 감정과 태도를 포함하여 설명하는 것을 의미한다.

사건의 복잡한 전개 과정을 지나치게 간단히 요약하면, 의뢰인은 자신의 이야기가 제대로 전달되지 않았다고 느낄 수 있으며, 변호사에 대한 신뢰 또한 감소할 수 있다. 따라서 사건의 본질을 명확히 압축하는 것뿐만 아니라, 사건 전개 과정에서 드러난 주요 맥락과 감정 정보를 포함해 과정 중심의 관점에서 사건을 요약할 필요가 있다.

먼저, 핵심 맥락을 포함해 요약하는 것이 중요하다. 요약은 단순히 결론만을 도출하는 것이 아니라, 사건의 흐름과 그 안에 담긴 의미를 충실히 반영해야 한다. 예를 들어, 의뢰인이 부모님의 유산 상속 문제로 형제들 간 갈등이 심화된 상황을 진술하며 현재의 어려움과 갈등의 원인에 대해 설명하는 경우, 변호사가 이를 요약하는 방식은 다음과 같이 차이를 보일 수 있다.

〈요약1〉 형제들 간에 상속 문제로 갈등이 있는 상황이며, 현재 합의가 이루어지지 않은 것으로 보입니다.

〈요약2〉 부모님의 유산 상속 문제로 형제들 간 의견 차이가 발생하셨군요. 큰형님께서는 부모님의 유언을 존중해야 한다는 입장이시고, 동생분께서는 공평한 분할을 주장하면서 갈등이 깊어지고 있는 상황으로 이해됩니다. 이러한 논의 과정에서 가족 간 대화가 격화되었지만, 아직 상속 방안에 대한 합의는 이루어지지 않은 것으로 이해해도 될까요?

위 사례에서 〈요약1〉은 의뢰인의 진술을 단순히 결과적으로 요약한 것으로, 갈등의 원인이나 진행 상황과 같은 중요한 정보를 누락하고 있다. 반면, 〈요약2〉는 사건의 맥락과 주요 쟁점을 충실히 반영하며, 갈등의 배경과 진행 과정을 논리적으로 정리하고 있다. 또한, 마지막에 변호사가 이해한 내용을 확인하는 질문을 덧붙임으로써 의뢰인의 진술을 보다 정확하게 파악하려는 태도를 보이고 있다.

다음으로, 감정 정보를 포함해 요약하는 것도 중요하

다. 감정 정보를 배제하거나 지나치게 단순화하면, 의뢰인에게 실망감을 줄 수 있다. 변호사가 의뢰인의 진술에서 드러난 감정을 반영하는 것은 사건을 깊이 이해하고 의뢰인의 신뢰를 형성하는 데 도움이 된다.

예를 들어, 의뢰인이 남편의 외도로 인해 이혼을 결심하게 된 상황에서 결혼 생활에 미친 영향, 아이들에게 끼친 심리적 상처, 경제적 문제 등 여러 측면을 상세히 진술한 경우, 변호사가 이를 요약하는 방식은 다음과 같이 차이를 보일 수 있다.

〈요약1〉 그래서 남편의 외도로 인해 이혼을 결심하셨다는 말씀이시죠?

〈요약2〉 남편분의 외도로 인해 결혼 생활이 많이 힘드셨던 것으로 보입니다. 특히 아이들에게 끼친 심리적 상처와 경제적 어려움이 겹치면서 고민 끝에 이혼을 결심하신 것으로 이해됩니다. 이제 이러한 상황에서 남편분과의 문제를 법적으로 어떻게 해결할지 구체적으로 논의가 필요하겠습니다.

위 사례에서 〈요약1〉은 남편의 외도를 결과적으로 요약하며, 의뢰인이 느낀 감정적 고통이나 상황의 복잡성을 충분히 반영하지 못했다. 이에 비해 〈요약2〉는 의뢰인의 감정 정보를 포함해 사건을 보다 풍부하게 정리하고 있다. 특히, "힘드셨던 것으로 보입니다"와 같은 표현을 통해 의뢰인의 심리적 상태에 공감하고 있으며, 마지막 문장에서 "이제 이러한 상황에서 남편분과의 문제를 법적으로 어떻게 해결할지 구체적으로 논의가 필요하겠습니다"라고 정리함으로써, 변호사가 의뢰인의 고민을 이해하고 있으며, 앞으로의 법적 대응을 함께 모색할 것임을 강조하고 있다.

이와 같이 과정 중심의 관점에 기반한 요약은 각 사건의 특성과 의뢰인의 요구에 따라 깊이와 범위가 달라질 수 있다. 지나치게 간결하면 중요한 정보를 누락할 위험이 있고, 지나치게 자세하면 핵심이 흐려질 수 있다. 변호사는 의뢰인의 상황과 성향을 고려해 사건의 핵심 맥락과 전개 과정을 균형 있게 반영해야 한다.

과정 중심의 관점을 적용하면 변호사가 사건의 흐름과 감정을 더 깊이 이해할 수 있으며, 의뢰인의 경험을 온전히 반영할 수 있다. 이는 결국 의뢰인에게 사건의 과정을 충분히 이해하고 있다는 신뢰감을 전달하고, 법적 조언의 신뢰성을 높이는 데 중요한 기반으로 작용한다.

의뢰인의 상황에 대한 법률적 판단과 향후 조치를 포함하여 요약하기

변호사는 의뢰인의 상황 진술을 일차적으로 요약한 뒤, 이를 법률적 판단과 향후 조치를 포함하여 재구성해야 한다. 이 과정은 의뢰인의 진술을 법적 관점에서 재해석하고, 이에 따른 구체적인 조치를 제시하는 데 중점을 둔다. 변호사는 사실, 의견, 법률적 판단을 명확히 구분해 정리함으로써 의뢰인이 사건의 현재 상태를 명확히 이해할 수 있도록 도와야 한다.

재요약 단계에서는 변호사의 법률적 관심과 분석을 바탕으로 의뢰인의 진술을 해석하고, 법을 어떻게 적용해 결론을 도출했는지를 명확히 설명해야 한다. 이를 위해 문제(issue), 법률(rule), 적용(application), 설명(explanation), 결론(conclusion)을 중심으로 법적 논증 구조를 활용할 수 있다(Columbia Law School Writing Center, 2025).

IRAC(문제-법률-적용-결론) 구조는 문제를 정의한 후 관련 법률 규칙을 제시하고, 이를 사건에 적용해 최종 결론을 도출하는 방식으로, 가장 표준화된 법적 분석 방법이다. 이 구조는 문제를 명확히 식별한 후 해당 문제에 적용될 법률을 제시하고 이를 구체적인 사건에 대입해, 논리적으로 결론을 도출하는 데 효과적이다. 이와 달리 ICRA(문제-결론-법률-적용) 구조는 결론을 서두에 배치해 의뢰인이 먼저 결과를 이해할 수 있도록 돕는다. 한편, 사건의 요점을 강조하고 싶을 때는 CRAC(결론-법률-적용-결론) 구조를 사용할 수 있다. 이는 결론을 앞뒤로 배치해 사건의 핵심을 명확히 전달하는 데 효과적이다. 마지막으로 CREAC(결론-법률-설명-적용-결론) 구조는 법적 논리를 보다 확장해 사건의 복잡한 맥락을 설명하는 데 유용하다. 이런 다양한 재요약 방식은 사건의 성격과 의뢰인의 이해도를 고려해 적절히 적용할 수 있다.

한편 재요약 과정에서는 법률적 판단을 단일하게 제시하기보다, 다른 관점을 통한 분석도 포함할 필요가 있다. 예를 들어 소송 외에 조정이나 중재와 같은 소송 대체적 분쟁 해결(alternative dispute resolution: ADR) 방법을 제안하거나, 상황에 따라 조정과 소송을 병행하는 가능성을 함께 제안할 수 있다. 이런 대안적인 접근을 소개함으로써 의뢰인은 사건의 복잡성을 더욱 명확히 이해하고, 변호사와의 협력을 통해 최적의 전략을 선택할 수 있다.

참고문헌

Van Dijk, T. A.(1995). Discourse semantics and ideology.

Discourse & Society, 6(2).
Columbia Law School Writing Center(2025.1.21).
https://www.law.columbia.edu/sites/default/files/2021-07/organizing_a_legal_discussion.pdf

07

의뢰인에게 필요한 내용을 명확하게 조언하기

변호사는 의뢰인의 상황에 적합한 해결책을 제시함으로써 최선의 결정을 돕는 조력자로서의 역할을 수행해야 한다. 이를 위해 의뢰인의 체면과 감정을 배려하며 조언의 방식과 강도를 조율해야 한다. 동시에 충실 의무와 법조 윤리의 균형을 유지하며 윤리적이고 책임감 있는 조언을 제공해야 한다. 조언은 의뢰인이 쉽게 이해할 수 있도록 명확하고 간결하게 전달해야 하며, 지나치게 단정적이거나 복잡한 법률 용어의 사용은 피해야 한다.

의뢰인의 상황에 맞게 조언의 강도 조절하기

조언이 의뢰인에게 효과적으로 수용되도록 하기 위해서는, 조언의 강도를 적절히 조절하는 것이 중요하다. 여기서 조언의 강도는 변호사가 의견을 개진하거나 방향성을 제시할 때 드러나는 의지 표명의 정도를 의미한다. 변호사가 자신의 의견을 강하게 전달할수록 의지 표명의 정도는 높아지며, 이는 조언의 강도에 직접적으로 영향을 미친다.

화자의 의지 표명에 따른 화행 유형 연구에 따르면(권우진, 2012), 의지 표명의 정도는 명령, 충고, 권고, 조언 순으로 낮아지며, 이 중 조언은 가장 낮은 수준에 해당한다. 변호사는 의뢰인의 자율성을 존중하면서 강한 의지 표명을 피하고 필요한 정보를 제공하는 방식으로 조언을 활용할 수 있다.

예를 들어, 계약서 서명을 독촉하는 상황에서 의지 표명의 정도에 따라 표현 방식이 달라질 수 있다. 명령의 경우, 변호사가 의뢰인에게 행동을 강하게 요구하며 "이 계약서는 반드시 오늘까지 서명하셔야 합니다. 그렇지 않으면 법적 불이익이 발생할 수 있습니다."와 같이 표현하여 선택의 여지를 거의 주지 않는다. 이는 변호사의 의지를 명확히 전달하는 방식이지만, 의뢰인의 결정을 제한하고 체면 손상을 초래할 가능성이 높다. 충고는 특정 방향으로 행동을 유도하면서 결과를 경고하는 방식으로, "오늘까지 서명을 완료하는 것이 좋습니다. 그렇지 않으면 계약 조건이 불리하게 변할 가능성이 있습니다."와 같이 표현할 수 있다. 이 방식은 선택의 여지를 일부 인정하지만, 여전히 심리적 압박을 줄 수 있다.

이에 비해 권고는 변호사가 자신의 의견을 부드럽게 전달하며 행동의 필요성을 강조하면서도 의뢰인의 선택권을 존중하는 방식이다. "오늘 안에 서명하시는 것이 가장 좋을 것 같습니다. 법적 절차상 불이익을 피하기 위해 기한을 지키는 것이 중요합니다."라는 표현은 체면 손상의 가능성을 줄이면서도 일정한 방향성을 제시하는 특징이 있다. 반면, 조언은 정보 제공에 초점을 맞추어 신중하고 유연하게 의견을 제시하는 방식으로, "가능하면 오늘 서명하시는 것이 좋겠습니다. 기한을 넘기면 나중에 문제를 겪을 수 있으니 이를 염두에 두시길 바랍니다."와 같은 표현을 사용할 수 있다. 조언은 선택권을 전적으로 의뢰인에게 맡기며, 의뢰인의 자율성을 충분히 존중하는 방식으로 체면 손상의 가능성이 거의 없다.

이상에서 살펴본 것처럼, 조언은 화자의 의지 표명이 낮은 수준에서 이루어진다는 점을 인식할 필요가 있으며,

변호사는 상황에 따라 적절한 화행 유형을 선택하되, 조언이 본질적으로 의뢰인의 자율성을 존중하는 방식으로 제공되어야 한다는 점을 유념해야 한다. 명령이나 충고처럼 의지 표명의 강도가 높은 경우, 의뢰인에게 정보 수용에 대한 압박감을 줄 수 있으며, 이는 자율성을 침해하고 부담을 가중하며, 판단력을 위축시키는 결과로 이어질 수 있다. 법률 상담에서 조언은 의뢰인의 의사 결정을 지원하는 역할을 하므로, 법률 조언은 의뢰인의 자율성을 존중하면서도 책임감 있는 결정을 유도할 수 있는 방식으로 이루어져야 하며, 변호사는 의뢰인의 상황에 맞는 조언을 통해 의뢰인이 스스로 최선의 결정을 내릴 수 있도록 돕는 역할을 해야 한다.

의뢰인에 대한 충실 의무와 법조 윤리 간 균형을 고려하여 윤리적으로 조언하기

변호사는 일반 의뢰인에게 법적 조언을 제공할 때, 의뢰인의 이익을 최우선으로 고려하는 동시에 법조 윤리와 사회적 책임을 충실히 지켜야 한다. 의뢰인이 직면한 법적 문제에 대해 변호사는 단순히 의뢰인의 요구와 이익만을 따르기보다는, 그 결정이 법적 · 도덕적 기준에 맞는지 검토하고, 궁극적으로 사회적 질서를 해치지 않는 방향으로 조언할 책임이 있다. 예를 들어, 의뢰인이 법적 회색 지대에 있는 활동을 요청하거나 법적 위반 가능성이 있는 행동을 하려 할 경우, 변호사는 그 의뢰인의 의도를 충실히 따르는 것이 아니라, 그로 인한 법적 위험과 윤리적 문제를 충분히 설명하고 의뢰인이 올바른 결정을 내릴 수 있도록 도와야 한다. 이러한 균형 잡힌 접근은 의뢰인의 단기적 이익뿐만 아니라 장기적인 법적 안전을 보장하는 데 필수적이다.

법률 시장에서는 기업에 대한 법적 조언과 조력의 중요성이 크게 증가하고 있으며, 이에 따라 기업 변호사의 역할도 점점 더 중요해지고 있다. 김정연(2011)은 기업에 대한 법적 조언을 제공하는 변호사들의 경우, 문지기로서의 의무를 위반할 경우 그에 따른 책임을 져야 한다고 강조한다. 의뢰인인 기업이 특정 거래를 앞두고 그 거래의 적법성과 유효성에 대해 조언을 구하면, 변호사는 다양한 법적 리스크를 객관적인 입장에서 검토하고, 그에 따라 의견을 제시해야 한다. 이는 기업 변호사의 핵심적인 비분쟁적 업무로 볼 수 있다. 하지만 변호사가 '오로지 의뢰인의 이익만을 옹호'하는 맹목적인 옹호자가 되어서는 안 된다. 오히려 이러한 접근은 법조 윤리에 어긋나며, 기업이 민·형사상 책임을 질 수 있는 위험한 결정을 내리도록 방치하는 결과를 초래할 수 있다.

예를 들어, 기업 변호사가 단기적인 수익이나 거래 실적을 이유로 임직원의 이익에 부합하는 조언을 했더라도, 그로 인해 기업이 민 · 형사상 책임을 질 수 있는 행위를 하게 되었다면, 이는 기업에 대한 충실 의무를 위반한 것으로 평가될 수 있다.

이처럼 변호사의 조언이 일시적으로 특정 구성원의 이해관계에 부합하더라도, 결과적으로 조직 전체에 중대한 법적 위험을 초래한다면, 이는 변호사의 본질적 책무에 위배되는 행위로 간주될 수 있다. 따라서 기업 변호사는 단기적인 이해득실에 치우치기보다, 의뢰 조직 전체의 법적 안정성과 지속 가능성을 우선시하여 전문성과 윤리성을 바탕으로 한 균형 잡힌 법률 조언을 제공해야 한다.

의뢰인이 쉽게 이해할 수 있도록 명확하고 간결하게 조언하기

대다수의 경우, 의뢰인은 법률 용어나 사법 절차에 익숙하지 않아 자신이 직면한 법적 문제를 정확히 이해하는 데 어려움을 겪는다. 특히 법률 용어와 일상 언어의 차이로 인해 법률 문서를 해석하거나 관련 법령을 찾는 과정에서 혼란과 불안감을 느끼는 경우가 많다. 변호사는 이러한 어려움을 인식하고, 복잡한 법률 용어를 일상적인 언어로 풀어서 설명하며 핵심 사항을 명확히 전달해야 한다. 이를 통해 의뢰인이 법적 상황을 충분히 이해하고, 스스로 올바른 결정을 내릴 수 있도록 도와야 한다.

이와 관련하여, 법원에서도 법률 용어의 난해함이 의뢰인의 법적 이해를 저해할 수 있음을 고려해 다양한 지원 방안을 마련하고 있다. 예를 들어, 법원에서 제공하는 『법률 용어 안내』는 일반인이 쉽게 이해할 수 있도록 법률 용어를 정리하고 설명한 자료다. 이를 통해 의뢰인은 법률 문서나 사법 절차에서 자주 사용하는 용어를 명확히 이해할 수 있으며, 변호사와의 상담에서도 보다 능동적으로 참여할 수 있는 기반을 마련할 수 있다.

또한 대법원에서 수행한 『발달장애인 · 언어장애인의 사법접근권 강화를 위한 연구』는 정보 접근이 어려운 취약 계층을 위한 법적 지원 방안을 마련하는 데 중점을 두고 있다. 이 연구는 발달 장애인과 언어 장애인이 사법 절차를 보다 쉽게 이해하고 참여할 수 있도록, 알기 쉬운 법률 자료를 개발하고 보완 · 대체 의사소통(AAC) 방안을 연구하는 내용을 포함하고 있다. 이러한 지원은 장애를 가진 의뢰인뿐만 아니라, 법적 정보 접근에 어려움을 겪는 다양한 사회적 집단에 도움이 될 수 있다.

또한 의뢰인은 사법 절차에 대한 이해가 부족한 경우가 많다. 민사 사건과 형사 사건의 차이를 명확히 구분하지 못하거나, 사건의 성격에 따라 어떤 절차가 진행되는지에 대한 정보가 부족해 혼란을 느끼는 경우도 흔하다. 이러한 정보 부족으로 인해 의뢰인은 불안을 느끼게 되므로, 변호사는 이 점을 고려해 사건의 유형과 절차를 체계적으로 설명해야 한다. 또한 각 절차 단계마다 의뢰인이 현재 상황을 명확히 이해하고, 적절히 대비할 수 있도록 안내하는 것이 중요하다.

특히 사건의 진행 상황을 지속적으로 업데이트하는 것은 의뢰인의 불안을 해소하고, 사건의 진행 상태를 명확히 인식할 수 있도록 하는 데 필수적이다. 이를 통해 의뢰인은 자신의 사건이 어느 단계에 있으며, 앞으로 어떠한 절차가 남아 있는지를 파악할 수 있으며, 필요할 경우 적절한 대응을 준비할 수 있다.

예를 들어, 계약 분쟁으로 민사 소송을 진행하는 의뢰인의 경우, 초기 단계에서 서류 제출 후 별다른 설명을 듣지 못하면 혼란을 느낄 수 있다. 이때 변호사는 "소장 및 관련 서류 제출은 완료되었습니다. 이제 법원의 진행을 기다리면 됩니다. 다만, 절차상 시간이 소요될 수 있습니다."라고 설명함으로써, 현재 상황을 명확히 전달하고 의뢰인의 불안감을 완화할 수 있다.

만약 의뢰인이 "현재 제 사건이 어떤 단계에 있는지, 판결까지 얼마나 걸릴지 잘 모르겠어요. 그리고 법원의 진행에 따라 제가 해야 할 일이 있나요?"라고 질문한다면, 변호사는 보다 구체적으로 절차를 설명해야 한다. 예를 들어, "우리 측의 소장이 접수된 이후, 상대방이 답변서를 제출하면 법원이 기일을 지정하게 됩니다. 이후 법원이 우리 측에 답변서를 송달하면, 해당 기일까지 상대방의 답변서를 검토하고 우리의 주장과 관련된 쟁점 및 증거를 준비해야 합니다. 법원에서 연락이 오는 즉시 의뢰인분께 안내해 드리고, 필요한 대응을 함께 준비하겠습니다."와 같이 상세히 설명하는 것이 바람직하다.

이와 같이 변호사는 사건의 진행 상황을 단계별로 구체적으로 설명하고, 예상되는 절차와 대응 방향을 명확히 안내해야 한다. 명확하고 간결한 조언은 의뢰인의 신뢰를 강화하고, 사건 해결을 위한 원활한 협력의 기반이 된다.

참고문헌

권우진(2012). 조언 연구: 조언의 요건에 대하여. ≪화법연구≫, 20, 241-269쪽.

김정연(2011). 기업 변호사의 문지기 책임에 관한 고찰. ≪법학≫, 52(3), 541-593쪽.

김지현 · 이종서 · 이명진 · 김우주 · 홍준석(2012). 법령정보 검색을 위한 생활용어와 법률 용어 간의 대응관계 탐색 방법론. ≪지능정보연구≫, 18(3), 137-152쪽.

대한민국 법원. 발달장애인·언어장애인의 사법접근권 강화를 위한 알기 쉬운 자료와 보완대체의사소통 개발 방안 연구, https://www.scourt.go.kr/portal/policy_service/manage/ManageViewAction.work?gubun=1&seqnum=376

박영도 · 최성근 · 손희두(2001). 법률문화 및 법률 용어에 관한 국민여론 조사.

법률 용어안내. https://changwon.scourt.go.kr/word/new/WordList.work

08

의뢰인에게 필요 사항을 효과적으로 요청하기

변호사가 의뢰인의 사건을 처리하는 데 필요한 사항을 요청하는 상황에서 갈등이 발생할 수 있다. 이때 의뢰인을 비난하거나 과도하게 강요할 경우 갈등이 증폭될 수 있다. 이때는 비폭력 대화 방법을 사용하는 게 효과적이다. 비폭력 대화는 상대를 비난하는 도덕적 판단 대신 객관적으로 관찰한 바를 말하고, 자기 내면의 욕구와 느낌을 솔직하게 드러내고 바라는 바를 부탁하는 방법이다.

의뢰인과 갈등 상황에서 비폭력 대화 모형 활용하기

의뢰인에게 업무 처리를 위해 필요한 바를 요청했는데 처리가 제대로 안 되거나 일정이 지연되면, 업무 처리가 원활하게 이루어지지 않을 뿐만 아니라 상호 간에 갈등이 발생할 소지가 있다. 이때는 비폭력 대화 모형(nonviolent communication model)을 활용하는 것이 효과적이다. 비폭력 대화 모형은 임상 심리학자 마셜 로젠버그(Marshall Rosenberg)가 개발한 것으로, 상담자와 내담자의 대화 구도에서 발생하는 공감 현상을 일상생활에 접목해 부모-자녀, 교사-학생, 동료 간의 소통을 위한 대화 패턴으로 모형화한 것이다.

비폭력 대화 모형에서는 타인의 감정을 인식하는 것과 더불어 자신의 감정을 인식하여 표현할 때 감정이 공명하는 공감이 발생하며 이로써 연민(compassion)의 대화가 가능하고 상호 이해와 원만한 인간관계를 유지할 수 있다고 설명한다. 상대를 판단하고 비난하여 거부감, 두려움, 수치심을 유발하는 폭력적 대화의 상대 개념으로 제안한 비폭력 대화는 '관찰, 느낌, 욕구, 부탁'의 네 가지 요소로 이루어져 있다. 이 네 가지 요소는 대화의 흐름에서 일련의 단계를 이루어 대화 구조의 패턴을 형성한다

(Rosenberg, 2017).

도덕적 판단이 아니라 객관적으로 관찰한 바를 말하기

도덕적 판단이란 '의뢰인에게 무엇인가 잘못이 있다' 또는 '의뢰인의 행동은 잘못되었다'라는 관점에서 의뢰인 언행의 도덕적 차원을 판단하는 것이다. 일단 이러한 관점에서 상대의 언행을 바라보면, 상대를 판단하고 비난하는 말이 나와 상대는 수치심을 느끼거나 반박하는 등 갈등이 유발될 수 있다.

비폭력 대화의 첫 단계는 '상대의 행동은 잘못되었다'라는 평가가 포함된 도덕적 판단을 버리고 객관적으로 관찰된 바를 말하는 것이다. 비폭력 대화의 '관찰, 느낌, 욕구, 부탁' 단계에서 '관찰' 단계에 해당한다. 상대의 행동에 문제가 있다고 단정하고 시비를 가리는 것은 자신의 욕구나 분노를 표출하는 것이다. 일단 상대의 행동이 잘못되었다는 관점으로는 나의 욕구를 절대로 만족시킬 수 없다. 현재 사안에 대한 주관적이고 감정적인 해석이 갈등을 증폭할 수 있으므로 객관적으로 관찰한 사실만을 말해야 한다. 다음은 의뢰인이 법원에 제출해야 할 서류를 변호사에게 기한 내에 보내지 않아 문제가 발생한 상황이다. 변호사의 말하기 방식에 주목해 대화를 확인해 보자.

변호사: 솔직히 말씀드리겠습니다. 이렇게 중요한 일을 방치한 건 게으름 때문 아닙니까?

의뢰인: 죄송합니다. 제가 요즘 좀 바빠서….

변호사: 바쁘다는 핑계로 이렇게 책임을 회피하시면 안 됩니다. 기한을 지키지 못하신 건 변명의 여지가 없습니다. 실수라고 하기엔 이건 너무 심각합니다. 제가 몇 번이나 기일을 강조했습니까? 이렇게 무책임하게 행동하시면 저도 더 이상 도움을 드리고 싶지 않을 정도입니다.

의뢰인이 기한을 지키지 않은 것은 사실이며, 문서 제출을 확실하게 요청해야 할 필요가 있다. 하지만 변호사의 말을 살펴보면 '당신은 게으르다, 책임을 회피한다, 무책임하다'와 같이 상대를 도덕적으로 판단하면서 비난하는 말이 상당 부분 섞여 있어 말하기 방식에 문제가 있음을 알 수 있다.

이때 변호사의 말에는 여러 가지 면에서 도덕적 판단이 들어 있다. 이런 도덕적 판단의 반대는 주관적 평가가 섞이지 않은 객관적 관찰 표현이다. 의뢰인은 '무책임하고 게으른 의뢰인'이라기보다 '서류를 제출하지 않은 의뢰인'이다. 이 두 가지 언어 표현은 얼핏 비슷한 것 같지만 의뢰인을 바라보는 관점에 근본적인 차이가 있다.

이런 도덕적 판단이 아니라 행위를 객관적으로 관찰하는 자세가 필요하다. 로젠버그는 도덕적 판단이 아닌 상황과 상대에 대한 객관적 관찰에서 비폭력 대화가 시작된다고 한다.

느낌과 욕구를 결합해서 말하기

이 단계에서는 자극을 받았을 때 몸과 마음에서 일어나는 반응을 표현한다. 비폭력 대화의 '관찰, 느낌, 욕구, 부탁' 단계에서 '느낌' 단계와 '욕구' 단계를 결합한 것이다. 느낌이란 현재 상황에서 상대의 행동으로 인해 자신이 경험하는 감정을 의미한다. 로젠버그에 의하면 느낌은 충족되지 않은 내면의 욕구와 연결되는데, 감정 어휘를 사용해 생각이 아닌 느낌을 분명하고 솔직하게 표현할 때 상호 연민의 대화가 이루어진다고 한다.

이와 더불어 느낌과 연관된 욕구를 말한다. 욕구는 내면에서 충족되지 못한 기대를 뜻한다. 느낌은 욕구에서 비롯되며 욕구와 느낌은 하나의 쌍을 이루므로 함께 표현하는 것이 효과적이다. 느낌을 욕구에 직접 연결할수록 상대가 이 욕구에 더 쉽게 연민으로 반응하게 된다.

상대의 행동을 비난하는 대화 방식을 나의 욕구와 느낌을 표현하는 대화 방식으로 바꾸면 공격성이 사라져 비폭력 대화가 된다. 내가 너에게 원하는 나의 선한 의도는 이런 것이고, 그것이 이루어지지 않을 때 어떤 느낌이 드는지 말하는 것은 상대를 비난하는 공격성이 매우 약하다. 상대를 비난하는 공격적 대화를 나의 느낌과 욕구를 드러내는 방식으로 바꾸면 다음과 같다.

(1) (짜증 나는 말투로) 무책임하게 아직도 서류를 보내지 않으시면 어떡합니까?
(2) 기한에 맞추어 서류를 제출하기 위해 충분한 시간을 두고 살펴보기를 원했는데(욕구), 오늘 내로 검토하기 어려워서 걱정이네요(느낌).

(1)은 상대를 도덕적으로 비난하며 책망하고 있다. 반면 (2)는 같은 상황에서 시간을 충분히 두고 서류를 검토하고 싶었다는 자신의 욕구와 그로 인해 걱정되는 느낌을 표현하고 있다. (1)이 상대의 언행을 지적하며 비난하는 것에 비해 (2)는 자신의 느낌과 욕구를 말하는 것이므로, 상대를 탓하지 않게 되어 언어 표현에 공격성이 줄어든

다. 이와 더불어 자신이 어떤 이유에서 이러한 감정이 생긴 것인지 구체적으로 말하게 되어 불필요한 오해의 소지를 줄이고 있다.

바라는 바를 구체적으로 요청하기

이 단계에서는 자신의 욕구와 그로 인한 느낌을 해소하기 위해 상대에게 자신이 원하는 행위를 구체적으로 요청한다. 비폭력 대화의 '관찰, 느낌, 욕구, 부탁' 단계에서 '부탁' 단계에 해당한다. 모호한 표현이 아니라 가시적이고 실현 가능한 행위를 구체적인 언어를 사용해서 말한다. "~을 하지 마세요"라는 부정적인 문장보다 긍정적인 문장을 사용 하며, 명령보다는 "~해 줄 수 있을까요?"와 같은 의문문을 사용하여 권유나 질문 형태로 표현하면 상대의 심리적 저항감을 줄일 수 있다.

비폭력 대화에서 상대에게 요청하는 구체적인 방법은 다음과 같다.

첫째, 추상적이거나 막연한 말이 아니라 명확하고 구체적인 언어로 요청한다. 이때 미래의 행동이라도 그것을 할 의사가 지금 있다는 동의를 구하는 현재형으로 부탁한다.

(3) (비난하는 말투로) 서로 신뢰할 수 있으면 좋겠네요.

(4) 다음부터 약속한 시간을 지키기 어려울 경우에는 하루 전에 미리 연락을 해 주실 수 있을까요?

이 대화에서 (3)의 언어 표현은 상당히 추상적이다. 서류 제출 기한을 지키지 않아 불신감이 생겨, 신뢰하는 관계를 요구한다는 의미는 짐작할 수 있다. 하지만 신뢰한다는 것이 구체적으로 어떤 행위를 요청하는 것인지 파악하기 어려워 추후에 동일한 문제가 발생했을 때 서로의 관점이 달라 오해가 발생할 소지가 있다. 이럴 때는 (4)와 같이 의뢰인에게 요구하는 행위를 구체적으로 제시하는 게 바람직하다.

둘째, 지시나 명령보다 권유하는 질문 형태로 말한다. 의문문을 사용해 선택권을 주는 것은 상대를 존중하여 의사소통에서 예의를 지키는 가장 중요한 원리다. 고압적인 말투로 명령하는 언어 표현을 사용하면 의뢰인은 심리적 저항감을 느끼게 마련이다. 상대를 통제하려는 욕구가 언어 표현에 반영되면, 상대는 진정성을 느끼기 어렵다. 다음 대화를 살펴보자.

(5) 자동차 블랙박스 SD카드 확보하셔서 내일까지 가져오세요.

(6) 자동차 블랙박스 SD카드 확보하셔서 내일까지 제출하실 수 있을까요?

이 대화에서 (5)는 상대에게 행위를 강요하는 표현이라 반감이 생길 수 있다. 반면에 (6)은 의문문을 사용하여 상대에게 선택권을 주는 공손한 표현을 사용했다. 동일한 요청 행위더라도 의뢰인의 체면을 고려해 예의를 지켜 표현할 때 의뢰인과 협력적인 관계를 형성할 수 있다.

의뢰인이 법원에 제출해야 할 서류를 기한 내에 제출하지 않은 상황에서, 비폭력 대화의 관찰, 느낌, 욕구, 요청의 4단계로 변호사가 의뢰인에게 요청하는 모범적인 대화 사례를 제시하면 다음과 같다.

변호사: (관찰) 확인해 보니 서류가 아직 준비되지 않아 제가 법원에 제출을 못 했습니다. 이 서류는 지난주까지 보내주시기로 하셨던 것으로 기억합니다.

의뢰인: 네, 맞습니다. 죄송합니다. 아직 준비하지 못했습니다.

변호사: (느낌과 욕구) 저는 의뢰인님의 사건이 잘 진행되기를 원하고, 이를 위해 기한 내에 필요한 서류가 준비되고 제때 법원에 제출되는 것이 정말 중요합니다. 기일을 지키지 않으면 저희가 법적 절차를 제대로 밟기 어려운 상황에 놓일 수 있어 이 상황이 조금 답답하고 걱정됩니다.

의뢰인: 죄송합니다. 앞으로 더 신경 쓰겠습니다.

변호사: (요청) 이번에는 기일이 지났지만, 가능한 한 빨리 서류를 준비해 주시면 감사하겠습니다. 오늘 중으로 서류를 검토해 볼 수 있도록 저에게 이메일로 보내 주실 수 있을까요?

의뢰인: 네, 바로 준비해서 오늘 안으로 보내겠습니다.

변호사: 감사합니다. 서류를 보내시면 제가 바로 확인하고 다음 절차를 진행하겠습니다. 다음에는 이런 일이 반복되지 않도록 부탁드립니다.

변호사는 법원에 제출할 서류가 도착하지 않아 의뢰인을 책망할 수 있는 상황이다. 이런 갈등 상황에서 상대를 비난하고 공격하기보다 비폭력 대화를 사용해 의뢰인과 원활하게 소통하고 있다. 우선 관찰 단계에서 상대의 행위를 도덕적으로 판단하는 표현에 유의하여, 기한 내 서류가 제출되지 않은 객관적인 현상만 설명하고 있다. 그다음은 사건이 원활하게 진행되기를 바라는 변호사의 욕구와 그로 인해 걱정되는 느낌을 진솔하게 표현했다. 마지막으로 서류 제출 기한과 방법 등을 구체적으로 요청했다. 이러한 비폭력 대화 방법은 갈등을 최소화하고 문제를 해결하는 건설적인 대화를 이끌어 낸다.

참고문헌

Rosenberg, M. B.(2015). *Nonviolent communication: A language of life*. PuddleDancer Press. 캐서린 한 옮김(2017). 『비폭력대화』. 한국NVC센터.

09

의뢰인의 저항과 공격에 유연하게 대처하기

자기 방어 화법이란 피하기 어려운 언어적 공격이 이루어지는 환경에서 공격의 확대를 방지하거나 중지시켜 정신과 정서적 안정을 유지하는 화법이다. 자기 방어 화법은 마치 물리적 공격에 큰 피해를 입지 않고 자기 몸을 방어하는 호신술과 같다. 자기 방어 화법을 효과적이고 적절하게 적용하려면, 정신적 정서적 갈등에 어떻게 반응할지 사전에 일반적인 지식을 갖고 그 상황에서 자신의 반응을 통제할 수 있어야 한다.

의뢰인의 언어적 공격에 대해 자신의 민감한 영역을 인식하기

의뢰인의 언어적 공격에 당황하지 않고 유연하게 대처하는 방법을 익히기 전에, 변호사로서 자신이 어떤 언어적 공격에 민감하게 반응하는지 점검하는 것은 자기 방어 화법을 익히는 과정에서 매우 중요하다. 과민하게 반응하는 차원과 둔감하게 반응하는 차원에 대한 자기 인식은 언어적 공격이 발생한 상황을 객관적으로 응시하고 이에 적절한 대응을 준비하는 데 도움이 된다.

이때 자신이 민감하게 반응하는 상대의 언어적 공격 유형을 인식하기 위한 구체적인 척도가 필요하다. 언어적 공격에 대한 민감성을 측정하는 VSS 척도(verbal sensitivity scale)는 다음과 같이 6개의 언어적 공격 유형으로 구성되어 있다(Archer, 2020).

[비판 · 판단]

1) 의뢰인이 나의 외모나 자세를 비판한다.

"그 표정으로 법정에 서실 수 있나요?"

"변호사님, 그 옷 아마추어 같아요."

2) 의뢰인이 나의 성과나 산출물을 판단한다.

"변호사님, 조언이 진짜 도움 안 돼요."

"변호사님, 소명 자료 너무 이상해요."

[책망 · 비난]

3) 의뢰인이 나의 부정적 행동을 책망한다.

"자료 좀 알아보게 작성하세요."

"약속에 맨날 늦으시네요."

4) 의뢰인이 나의 태도나 단점을 비난한다.

"언제 제 얘기를 진심으로 들으셨나요?"

"소송에서 누구 때문에 졌겠어요?"

[기만 · 불신]

5) 의뢰인이 나를 속이려고 과장하거나 축소해서 말한다.

"정말 열심히 준비한 거예요."

"그 사람에게 거짓말한 거 처음이거든요."

6) 의뢰인이 나에게 거짓을 말하거나 무엇을 숨기려 한다.

"저, 그 사람에게 연락 안 했거든요."

"화요일까지 제출하는 거 몰랐어요."

[모욕 · 조롱]

7) 의뢰인이 나를 모욕하는 저속한 말을 한다.
"그냥 인터넷 찾아보는 게 낫겠어요."
"변호사야 경찰이야 뭘 자꾸 물어요?"
8) 의뢰인이 나를 비웃거나 조롱한다.
"지금 알고 설명하시는 건가요?"
"시험은 어떻게 통과하셨는지 모르겠네요."

[반대 · 저항]
9) 의뢰인이 내가 중시하는 생각에 반대하고 거부한다.
"저는 절대 그렇게 생각하지 않아요."
"그런 행동 안 할 거예요."
10) 의뢰인이 나의 의견에 강하게 저항한다.
"계획서 내기 싫은데요."
"이걸 양보하라고요? 그렇게는 못 하죠."

[압력 · 강요]
11) 의뢰인이 나를 압박하거나 강요한다.
"이기도록 확실하게 준비하세요."
"내일까지 서류 준비해서 보여 주세요."
12) 의뢰인이 나에게 강력하게 주장한다.
"이 선에서 확실하게 마무리하세요."

"나한테 묻지 말고 문제를 전문가니까 알아서 해결하세요."

Archer(2020)는 민감도가 높은 공격 유형에 대해 상황을 모면하기 위해 회피하거나 공격에 복종해 버리거나, 정당화하며 논쟁하거나, 상대를 반격하는 반응을 하면 문제가 해결되지 않은 상태로 갈등이 증폭되므로 유의해야 한다고 했다. 즉, 사람마다 언어적 공격의 유형에 따라 민감한 정도가 다른데, 자기의 민감성을 인식하고, 과민하게 반응하지 않는 것만으로도 갈등의 상당 부분을 피할 수 있게 된다.

합기도 화법으로 의뢰인의 언어적 공격에 유연하게 대처하기

언어적 공격 상황에서 자신을 보호하며 상대의 공격에 유연하게 대처하는 방법을 자기 방어 화법이라고 한다. 자기 방어 화법의 대표적인 방식인 합기도 화법에 대해 알아보도록 한다. 무술의 한 종류인 합기도(合氣道)는 그 이름이 의미하듯이, 기(氣, 에너지)를 화합하는 철학을 갖는다. 상대를 가격하여 쓰러뜨리는 다른 무술과 달리, 절대로 충돌하지 않고 에너지의 흐름을 받아들여 조화를 이루는 것을 중시한다. 합기도의 이러한 정신을 언어적 공격 상황에 적용해, 공격자를 적대시하지 않고 파트너로 대하면서 갈등 상황에서 유연하게 대처하여 균형 잡힌 인간관계의 복원을 지향하는 것이 합기도 화법(verbal Aikido)이다(Scheff, 1995; Archer, 2013, 2020). 합기도 화법은 '평정, (부분) 인정, 조정'의 3단계로 이루어진다(Archer, 2020; 박재현, 2021).

1단계 평정: 내적 미소로 힘을 흐르게 하기

합기도 화법에서는 이 과정을 '내적 미소(inner smile)'라는 표현을 사용한다(Archer, 2020). 평정심을 잃고 분노를 조절하지 못하면 충돌로 이어져 유연하게 대처하는 의사소통의 제반 과정은 무의미해진다. 평정의 단계는 첫 단계이면서도 후속 단계에도 지속적으로 적용된다. 이때 미소라고 하여 외적으로 과도하게 드러내면 의뢰인에게 조롱으로 비쳐, 반격을 유발하는 역효과를 초래할 수 있다. 다음과 같은 갈등 상황에서 의뢰인이 변호사에게 감정적으로 책망하며 공격하는 대화를 살펴보자.

> 의뢰인: 변호사님, 도대체 일을 어떻게 하시는 겁니까? 어떻게 이렇게 허술하게 준비할 수 있나요?

변호사: 제가 설명을 드리겠습니다.

의뢰인: (말을 끊으며) 변명하지 마세요! 변호사로서 최소한의 준비도 안 하신 거 아닙니까? 저는 이 사건에 제 모든 것을 걸었는데, 변호사님은 제대로 준비조차 하지 않으셨잖아요! 재판 어떻게 할 겁니까?

위의 상황에서 재판 준비에 만족하지 못한 의뢰인은 변호사의 잘못을 강하게 책망하며, 감정적인 어조로 언어적 공격을 포함하는 말을 하고 있다. 이렇듯 의뢰인의 감정이 고조된 상태에서 정당화를 시도하거나 반박을 하면, 갈등이 증폭될 소지가 있다.

1단계인 평정 단계는 '내적 미소로 힘을 흐르게 하기'다. 이 단계에서는 의뢰인의 언어적 또는 비언어적 요소에서 공격 자극을 지각하되 마음의 평정을 유지한다. 의뢰인의 공격 자극과 나의 반응 사이의 시간 간격을 인식하고, 나에게 반응에 대한 선택권이 있음을 알고 균형 잡힌 안정적 상태의 '나'에 집중한다. 상대의 공격 에너지가 흐르도록 원하는 바를 더 말하게 하되 반격하지 않는다.

변호사: [내적 미소] 네, 듣고 있습니다. 어떤 점에서 그

렇게 생각하시는 건가요?

의뢰인: (격앙된 어조로) 증거 자료도 부족하고, 법적 논리도 엉망이었어요! 이 정도 변론하려면 제가 변호사를 왜 선임했겠습니까?

2단계 인정: 부분 인정하고 돌아서 옆에 서기

인정 단계는 '부분 인정하고 돌아서 옆에 서기'다. 이 단계에서는 의뢰인의 관점으로 돌아 들어가 의뢰인의 미충족된 욕구와 거기서 비롯된 부정적 감정에 주목한다. 합기도 화법에서는 모든 언어적 공격은 고통에 대해 도움을 요청하는 호소라고 전제한다. 이 상황에서 의뢰인은 재판에서 패배할 것 같은 불안감에 변호사에게 도움을 요청하는 호소를 하고 있다. 이런 부정적 감정이 일반적인 도움 요청을 넘어 공격적인 방식으로 표출되면서 갈등을 유발하고 있다.

그다음은 상대 관점으로 회전하며 들어가 상대의 균형을 무너뜨려 불안정하게 한다. 여기에는 이리미(irimi, 入身)라고 부르는 합기도의 회전 운동 기술이 행해진다. 합기도는 충돌하지 않고, 공격성을 중화(中和)하여 음의 에너지를 양의 에너지로 환원한다(Saposnek, 1987: 121). 여기서 회전 운동이 공격성을 중화하는 주요 방법이다.

합기도는 공격자와 방어자 모두 다치지 않도록 회전 운동으로 공격 에너지의 방향을 바꿔 위험에서 벗어나 공격자를 통제하는 무술이다.

합기도의 이리미 동작은 의뢰인의 공격 에너지가 그대로 흐르게 하되, 상대의 옆으로 회전하며 돌아 들어가 상대와 나란히 서는 기술이다. 이를 의사소통의 관점에서 대표적인 발화의 예시를 들면 "조금 그런 면이 있네요."라며 의뢰인의 발화를 부인하지 않고 부분적으로 인정하는 것이다. 그럼으로써 상대와 나란히 서서 상대의 관점으로 사안을 보고 상대의 생각과 감정이 타당함을 인정하면서 상대에게 집중하게 된다.

의뢰인: 변호사님, 재판 준비 과정에서 제가 뭘 해야 하는지 명확히 설명해 주시지 않아서 많이 혼란스러웠습니다.

변호사: [내적 미소] 그랬습니까? 제가 충분히 안내를 드리지 못한 점이 있었네요. 죄송합니다.

의뢰인: 제가 여러 차례 질문을 드렸는데도 구체적인 답변을 받지 못한 것 같아요. 제가 준비를 제대로 못 해서 불안했어요.

이 대화에서 의뢰인은 언어적 공격을 하면서 일반적으로 정당화, 논쟁, 방어 등의 반응을 예상했으나, 기대했던 싸움이 이루어지지 않고 있다. 변호사가 의뢰인의 불만스러운 감정을 이해하고, 이에 대해 부분적으로 인정하는 표현을 하자 의뢰인은 심리적 균형을 잃으면서 언어적 공격을 중단한다. 부분 인정을 할 때는 지나친 자기 비하가 되면 안 되고 잘난 척으로 여겨지면 역효과가 있으므로 적절한 어조로 진심을 담아 표현해야 한다.

3단계 조정: 앞으로의 우리에게 집중하여 화합하기

화합 단계에서는 역공하지 않고 공격자의 균형을 바로잡고 타협점을 찾아 화합한다. 충돌이나 무반응 등 문제를 회피하거나 악화시키지 않고, '나'와 '너'가 아닌 '우리'의 관점에서 상대의 공격을 중화하고 에너지의 화합을 의미하는 합기(合氣)를 행한다. 이를 의사소통 관점에서 제시하면, "그렇다면 우리가 앞으로 어떻게 하면 좋을까요?"라는 표현 등으로 화합을 끌어내는 것이다. 즉, 갈등의 원인이 존재하는 과거에서 미래로 관점을 전환한다. 과거 서로의 언행에서 시비를 가리기보다 미래에 어떻게 할지에 대해 의견을 교환하는 것이다.

이때 중요한 것이 '나'와 '너'라는 대립하는 자아가 아니라 '우리'라는 합일된 공동의 관점에서 이야기하는 것이다. 마주 본 상태에서 옆으로 회전하여 나란히 옆에 섰기 때문에, 같은 방향을 바라보면서 '앞으로의 우리'에 대해 이야기하면 충돌보다는 건설적인 대화가 가능하다. 예를 들어 변호사가 지시하는 행위를 거부하며 비난하거나 저항하는 의뢰인에게 "네, 이야기해 주어 고맙습니다. 그렇다면 우리가 앞으로 어떻게 하면 좋을까요?"라고 묻는 것이다.

변호사: [내적 미소] 네, 말씀해 주셔서 감사합니다. 그렇다면 우리가 앞으로 어떻게 하면 좋을까요?

의뢰인: 증거 자료 제출 기한이나 법원에서 요구하는 서류 형식 같은 걸 정확히 몰랐어요. 이런 걸 정확하게 설명해 주셨으면 좋겠어요.

변호사: [내적 미소] 알겠습니다. 남은 절차에 대해선 제가 오늘 상세히 정리해서 알려드리겠습니다. 혹시 추가로 궁금하신 점이 있으면 바로 말씀해 주세요.

의뢰인: 네, 감사합니다. 다음엔 이런 일이 없었으면 합니다.

변호사가 반격하는 반응을 예측했던 의뢰인은, 공격력을 잃고 자연스럽게 원하는 바를 이야기할 수 있게 된다. 이처럼 변호사와 의뢰인이 대립을 피하고 갈등 상황에 유연하게 대처하면 상담이 다음 단계로 원활하게 전개될 수 있다.

참고문헌

박재현(2021). 자기 방어 화법 교수학습 방안 연구. ≪화법연구≫, 52, 61-88쪽.

Archer, L. A.(2013). *Verbal aikido: Green belt: The art of directing verbal attacks to a balanced outcome.* CreateSpace independent publishing platform.

Archer, L. A.(2020). *From conflict to conversation: The official verbal aikido practitioner's guide*, AFNIL.

Scheff, T. J.(1995). Self-defense against verbal assault shame, anger, and the social bond. *Family process, 34*(3), pp.271-286.

Saposnek, D. T.(1987). Aikido: A systems model for maneuvering in mediation. *Mediation Quarterly*, 14, pp.119-136.

10

의뢰인을 배려하는 태도로 대화를 효과적으로 전개하기

의뢰인과 대화할 때 확실한 시작 패턴, 명확한 상담 목표 설정, 구체적인 결론이 없으면 변호사와 의뢰인 모두 불만족스러운 대화가 된다. 대화에는 흐름이 있고 대화의 각 단계마다 대화 참여자 서로의 기대가 있다. 상담할 때 대화를 효과적으로 전개하기 위해서는 대화의 전형적이고 표준화된 구조인 대화 원형을 적용해야 한다.

의뢰인과 대화를 효과적으로 시작하고 종결하기

변호사는 의뢰인과 상담하는 대화의 원형을 이해하고 이를 바탕으로 대화 목적에 맞게 대화를 전개해야 한다. 특히 시작 대화와 종결 대화에서 상호 작용의 의례적인 패턴을 활용하면 짜임새 있는 대화가 가능하고 대화의 흐름을 효과적으로 전개할 수 있으며, 의뢰인에게 친절하고 믿음직한 인상을 줄 수 있다.

시작 대화의 일반적인 전개 패턴은 다음과 같다.

1) 의뢰인의 요구 확인

변호사의 열린 질문으로 의뢰인이 원하는 바나 기대하는 바를 확인한다. 이때 "무엇 때문에 오셨습니까?" 또는 "무엇을 도와 드릴까요?"와 같이 열린 질문을 사용한다.

2) 의뢰인의 이야기 경청

가능하면 대화를 중단하지 않고 경청하고, 필요한 경우에만 적절하게 개입한다.

3) 변호사의 청자 반응

지지하기: 의뢰인의 문제에 대한 관심과 이해 표현

안심시키기: 불안 배려, 안정감 주기

공감하기: 의뢰인의 처지와 감정 인정(동의와 다름)

정서적 지지 보내기: 비언어적 표현(미소)

4) 발화 촉진

격려하기: 그래서요? 그런데요?

5) 변호사의 중간 요약

경청에 대한 표시, 상호 이해 확인

6) 변호사의 역할 설명

할 수 있는 일, 할 수 없는 일, 다른 전문가에게 의뢰할 일 설명

7) 의뢰인의 추가 발언 욕구 확인

"더 하시고 싶은 말씀 있으신가요?", "또 다른 도와 드릴 것이 있나요?"

8) 전체 요약

의뢰인의 요구와 상담의 목표 확인

종결 대화의 일반적인 전개 패턴은 다음과 같다.

1) 종결 단계 알림

"이제 오늘 상담 정리하면 어떨까요?"와 같이 대화 종결을 통보하기보다 동의를 얻는다.

2) 상담 내용 요약

대처 방법에 대한 결정 사항 합의한 것을 다음과 같이 요약한다.

"제가 …했습니다." "…될 겁니다."

"변동 사항이 생기면 전화로 연락드릴게요."

3) 의뢰인의 만족도 확인

"오늘 상담 어떠셨나요?"

"설명드린 내용 모두 이해하셨나요?"

"혹시 더 궁금하신 것은 없으신가요?"

4) 다음 단계 계획 및 목표 설정

의뢰인에게 필요한 사항을 요구한다.

"다음 상담 때 …확인해 드릴게요."

"다음번까지 …하시고요."

"…는 신경 쓰시고요."

5) 의뢰인에 대한 지지와 격려

"오늘 힘드셨을 텐데 고생 많으셨어요."

"이제 조금 남았습니다. …를 잘하실 거라 믿습니다."

의뢰인과 대화 순서를 적절하게 교대하기

변호사는 의뢰인과 상담할 때 대화의 순서를 적절하게 교대해야 한다. 물론 의뢰인은 억울한 마음에 불필요한 배경 설명을 장황하게 하기도 하고, 법률적으로 사건을 처리하는 것과 무관한 이야기를 늘어놓기도 한다. 법률 전문가인 변호사는 사건의 처리를 위해 필요한 핵심 정보를 파악하고자 의뢰인의 말을 끊거나 제한하는 경우가 있다. 또한 의뢰인의 말을 과도하게 통제하려고 하여 오히려 신문하는 대화 방식이 이루어지기도 한다. 의뢰인과 대화할 때 대화 순서를 적절하게 교대하는 차원에서 유의할 사항은 다음과 같다.

첫째, 의뢰인과 대화할 때는 적절하게 말 차례를 주고받아 대화의 순서를 적절하게 교대한다. 말 차례는 누가 언제 얼마만큼 말할 것인가를 의미한다. 의뢰인과 대화하는 동안 말 차례의 양상을 인식하고 적절하게 대화가 전개

되도록 노력한다. 의뢰인이 말할 때 상대의 말을 중단하고 통제하는 것은 협력적인 대화가 아니며, 상대는 공격적으로 느낄 수 있다. 의뢰인이 말할 때, 갑자기 끼어들어 질문을 하거나 다른 요청을 하여 대화를 통제하지 않도록 유의한다. 의뢰인이 현재 말하고 있는 주제와 다른 주장을 하기 위해 갑자기 대화 주제를 바꾸는 경우, 의뢰인은 존중받지 못한다는 느낌을 받을 수 있다. 다음은 변호사가 중간에 계속 의뢰인의 말을 끊으며 대화를 독점하는 대화의 예시다.

의뢰인: 이번 사건 관련해서 제가 궁금한 게 있습니다. 재판 준비 과정에서….

변호사: (말 끊기) 네, 그 부분은 제가 알아서 진행할 겁니다. 걱정하지 마세요.

의뢰인: 아니, 제가 제출해야 할 서류에 대해서….

변호사: (말 끊기) 서류는 제가 이미 말씀드렸잖아요. 리스트 보내드렸으니까 그거 참고하시면 됩니다.

의뢰인: 제가 그래도….

변호사: (말 끊기) 시간 낭비하지 마시고 제 지시만 따르면 됩니다. 제가 알아서 처리할게요.

이 대화는 변호사가 의뢰인의 말을 계속 끊음으로써, 의뢰인의 불만이 생기고 소통이 원활하지 않은 상황을 보여 준다. 변호사의 태도로 인해 의뢰인이 자신의 의견을 충분히 표현하지 못하고 있다.

물론 의뢰인이 장황하게 불필요한 정보를 늘어놓을 수도 있고, 상황 파악에 도움이 되지 않는 감정적 호소를 과도하게 하는 경우도 있다. 이런 경우에는 예의를 갖춰, 필요한 정보에 대해 질문하거나, 필요한 정보를 요청하여 적절하게 대화를 전개해 나갈 필요가 있다.

상대의 말을 끊지 않고, 다 들은 다음 적절한 시점에 대화의 순서를 교대한다. 상대방의 발언이 충분히 전달될 시간을 준다. 상대방의 말을 끊지 않고 경청함으로써 존중을 표시한다. 대화 순서가 교대될 때 교체되는 시점을 '교체 적정 지점'이라고 한다. 상대가 말한 후 교체 적정 지점에서 1초 정도 휴지를 두어 기다려 준다. 기다리면서 의뢰인이 더 말하고 싶으면 말하도록 한다. "우리는 듣지 않는다. 다만 다음에 할 말을 생각할 뿐이다."라는 말이 있다. 상대의 말이 끝나는 것을 확인한 후 내 말을 시작한다.

또한 대화를 독점하지 않고 적절한 발언 길이를 유지한다. 대화는 순서를 교대하는 것이다. 너무 장황하게 발언하지 않고 핵심만 간결하게 전달한다. 법률 전문가라고 혼자 장황하게 이야기하지 않도록 유의한다. 내 말이 끝났을 때는 명확하게 마무리 신호를 한다. 자신의 발언이 끝났음을 알리기 위해 명확한 마무리 신호를 사용한다. 이때 "이상입니다." 또는 "어떻게 생각하세요?"와 같은 표현을 사용해 의뢰인에게 차례를 넘긴다.

둘째, 대화 중첩이 발생했을 때는 의뢰인이 먼저 발언하도록 양보하여 먼저 말할 기회를 준다. 대화할 때 중첩은 세 가지 상황에서 발생한다. 서로의 발언을 예측하지 못해 동시에 발언하게 되는 경우, 특별한 의도가 없는 '비의도적 중첩'이라면 서로 양보하며 자연스럽게 조정하면 된다. 대화의 주도권을 장악하고 대화 상황을 통제하려는 의도를 가지고 상대의 말을 차단하고 말이 끝나기 전에 의도적으로 끼어들어 중첩이 발생하는 것을 '경쟁적 중첩'이라고 한다. 이런 바람직하지 못한 중첩이 지속적으로 발생하지 않는지 나의 말을 점검하며 대화해야 한다. 의뢰인이 발언을 지지하거나 강화하기 위해 현재 대화의 흐름을 유지한 채로, "맞아요.", "그렇군요." 등의 표현을 하여 중첩이 발생하는 것은 '협력적 중첩'이다. 상대에게 동의를 표현하는 의도는 바람직하나 과도하게 대화 중첩이 발생하지 않도록 유의한다.

신뢰감 주는 친절한 말투 사용하기

변호사가 의뢰인과 대화할 때 무엇을 말하는가도 중요하지만 어떻게 말하는가에 해당하는 말투도 매우 중요하다. 의뢰인보다 법률 지식이 많다고 우위에 있다고 여겨 고압적인 말투, 훈계하는 말투, 심문하는 말투 등을 사용하면, 말의 내용과 무관하게 의뢰인과의 소통에서 의도하지 않은 문제가 발생할 수 있다. 의뢰인과 대화할 때는 다음 말투에 유의해야 한다.

첫째, '원래 그렇다'라는 말투는 상대가 비정상적이라는 메시지를 전달한다. 습관적으로 '원래, 보통은, 일반적으로'라는 말을 주로 사용하는 사람은 거기서 벗어난 상대를 비정상적이라는 메시지를 전달하는 것이다. 이는 자기 원칙을 강조하는 독선적인 말투다. 예를 들어 "이거 원래 다 이렇게 하는 거죠. 고등학교 사회책에도 나오는 얘기잖아."라고 말한다면 상대는 '나는 고등학생도 하는 것을 못하는 비정상 범주에 속하는 이상한 사람이구나'라는 느낌이 들어 불쾌해진다. 상대와 의견이 다르거나 상대에게 내가 원하는 바를 요구하는 경우 '원래 이런 거다'라는 식의 표현은 상대를 밀어내는 말투이므로 유의해야 한다. 의뢰인의 생각을 존중하기보다 내가 옳다는 바를 말하기 위해 이런 식의 말투를 사용하면, 의뢰인은 마음의 문을 닫게 된다.

둘째, 가르치려 드는 말투는 상대가 부족하다는 메시지를 전달한다. 특히 법률 지식을 전문적으로 설명해야 하는 변호사의 특성상, 이런 말투는 상담에서 가장 자주 나타나는 실수 중 하나다. 법률 지식이 부족한 의뢰인에게 필요한 법률 정보를 전달해 주고 법률적 대처 방식을 설명해 주어야 한다는 변호사의 정체성은 가르치려 드는 말투를 너무도 자연스럽게 조장한다. 여기서 문제로 삼는 것은 의뢰인의 고민 토로에 심문하고 훈계하는 경우다. 심문하고 설명하고 훈계하는 것은 모두 의뢰인을 위한 마음에서 비롯한다. 하지만 먼저 의뢰인의 감정에 공감하기보다 바로 문제점을 분석해서 조언과 훈계를 하는 것은 자칫 상대의 잘못을 추궁하거나 책망하는 듯한 인상을 줄 수 있다. "가압류 방법에 의문이 있었으면 진작 질문했어야죠."라는 말투는 잘못에 대한 책망의 마음이 그대로 전달된다. 이러한 훈계조의 말투는 변호사와 의뢰인의 심리적 거리를 멀게 만들기 쉬우므로 유의해야 한다.

셋째, 고압적인 말투는 상대를 존중하지 않는다는 메시지를 전달한다. "정신 좀 차리시고요. 얼른 받아 적어요."와 같은 명령형 말투는 지시와 복종의 의사소통 구도를 형성한다. 다음 대화는 의뢰인에게 강한 권위와 명령형 말투로 지시 사항을 철저하게 따르도록 강요하는 대화의 예시다.

변호사: 지금부터 제가 말씀드리는 대로 하셔야 합니다. 이 사건을 제대로 진행하려면 필수적으로 따라야 할 사항입니다.

의뢰인: 네, 어떤 점인가요?

변호사: 첫째, 당장 오늘 중으로 필요한 서류를 모두 준비해서 제게 제출하세요. 이전에 말씀드린 목록을 다시 보내드릴 테니, 빠짐없이 준비해 주세요.

의뢰인: 그런데 시간이 좀 부족할 것 같은데요.

변호사: 시간 부족은 핑계가 될 수 없습니다. 반드시 오늘 안에 처리하세요.

의뢰인: 네, 최대한 노력하겠습니다.

변호사: 최대한이 아니라 확실히 해 주셔야 합니다. 그리고 제가 드리는 지침에 따라 법원에 나가서 어떤 말도 제 허가 없이 하지 마세요. 모든 발언은 제가 준비한 대로 하셔야 합니다.

의뢰인: 네, 알겠습니다.

중요한 사항에 대해 내용 차원에서는 분명하게 말해야 하지만, 말하는 방식 차원에서는 "서류 제출하세요."나 "법원에 나가서 어떤 말도 제 허가 없이 하지 마세요."와 같은 명령형 말투보다 "오늘까지 서류를 제출해 주실 수 있을까요?"와 같이 공손성을 갖춘 부드러운 요청형 말투로 바꾸어 말하는 것이 바람직하다.

참고문헌

Goldberg, J. A.(1990). Interrupting the discourse on interruptions: An analysis in terms of relationally neutral, power-and rapport-oriented acts. *Journal of pragmatics, 14*(6), pp.883-903.

Jefferson, G.(1984). Notes on some orderlinesses of overlap onset. *Discourse analysis and natural rhetoric,* 500, pp.11-38.

박재현

상명대학교 사범대학 국어교육과 교수다. 미국 펜실베이니아 주립대학교에서 스피치 커뮤니케이션으로 석사학위를, 서울대학교 사범대학 국어교육과에서 화법 교육으로 박사학위를 받았다. 상명대학교 사범대학 학장, 교육대학원장, 한국화법학회 회장을 역임했으며, 사회언어학회 편집위원, 국어교육학회 연구이사로 활동하고 있다. 주요 저서로 『교육토론의 원리와 실제』(2018), 『화법 교육을 위한 의사소통 이론』(2023), 『마음이 만나는 교실: 선생님이 알아야 할 배려와 설득의 대화법』(2024) 등이 있다. 의사소통과 화법 교육에 관련된 주제로 100여 편의 논문을 한국연구재단 등재지에 게재했다.

백경희

인하대학교 법학 전문 대학원 교수다. 고려대학교에서 법학사, 법학석사, 법학박사학위를 받았다. 사법 시험 제43회 합격, 사법연수원 제33기를 수료하여 공동법률사무소 해울에서 7년간 의료전문변호사로 활동했다. 2011년부터 인하대학교 법학 전문 대학원 교수로 재임 중이며, 민법 외에 변호사실무 교과목을 강의하고 관련 연구를 하고 있다. 사법 시험 및 변호사시험 시험위원, 법제처 법령해석심의위원회 위원, 대한변호사협회 법제연구원 연구위원, 한국의료분쟁조정중재원 비상임 조정위원, 인천지방노동위원회 공익위원, 국가생명윤리정책원 기관생명윤리위원회 평가위원, 대통령 직속 의료개혁 특별위원회 전문가위원, 한국의료법학회 학술이사, 한국재산법학회 학술이사 등으로 활동하고 있다. 주요 저서로 『의료분쟁의 이론과 실제(상)』(2022), 『의료분쟁의 이론과 실제(하)』(2023), 『인공지능법 총론』(2023) 등이 있다. 의료, 민사, 변호사실무 교육에 관련된 주제로 160여 편의 논문을 한국연구재단 등재지에 게재했다.

김윤정

덕성여자대학교 교양대학 교수다. 고려대학교에서 경제학사, 이화여자대학교에서 교육학사, 교육학석사, 교육학박사학위를 받았다. 한국화법학회 총무이사, 한국작문학회 섭외이사, 한국리터러시학회 연구이사로 활동했다. 주요 저서로 『말이 바뀌면 삶이 바뀐다』(2015, 공저), 『사이버의사소통과 국어교육』(2016, 공저), 융합의 시대: 공공 언어, 공적 리터러시』(2022, 공저), 『AI와 화법』(2025) 등이 있다. 의사소통과 화법 교육에 관련된 주제로 40여 편의 논문을 한국연구재단 등재지에 게재했다.

변경가

서원대학교 사범대학 국어교육과 교수다. 이화여자대학교에서 교육학사, 교육학석사, 교육학박사학위를 받았다. 한국작문학회 출판이사, 한국화법학회 학술이사로 활동하고 있다. 주요 저서로 『작문교육론』(2023, 공저), 『2022 개정 교육 과정의 미디어 리터러시 교육요소 분석 및 체계화』(2023, 공저) 등이 있다. 의사소통과 작문 교육에 관련된 주제로 20여 편의 논문을 한국연구재단 등재지에 게재했다.